Inhalt

ROSETTE POLETTI & BARBARA DOBBS

Resilienz

Die Kunst, wieder aufzustehen

SCORPIO

Die Originalausgabe ist 2001 unter dem Titel
La Résilience. L'art de rebondir
bei Éditions Jouvence, S. A., Chemin du Guillon 20,
Case 184, CH-1233 Bernex erschienen.
www.editions-jouvence.com
info@editions-jouvence.com

2. Auflage 2015

© 2001 Rosette Poletti & Barbara Dobbs
© der deutschsprachigen Ausgabe:
2014 Scorpio Verlag GmbH & Co. KG, München
Übersetzung: Elisabeth Liebl, München
Umschlaggestaltung: Hauptmann & Kompanie
Werbeagentur, Zürich
Layout und Satz: Veronika Preisler, München
Druck und Bindung: Print Consult, München
ISBN 978-3-943416-92-3
www.scorpio-verlag.de

Vorwort von Pierre Pradervand

Die zwei Grundprinzipien eines populärwissenschaftlichen Buches sind Klarheit und Einfachheit. Und Sie halten hier ein populärwissenschaftliches Buch in Händen, in dem es um Optimismus und Hoffnung geht – Qualitäten, deren unsere Welt heute mehr denn je bedarf.

Hier bricht sich eine zutiefst optimistische Sicht auf unser Dasein als Mensch Bahn: Gegen alle materialistischen und deterministischen Auffassungen zeigen die Autorinnen anhand zahlreicher Beispiele, dass der Mensch sein Leben von Grund auf ändern kann, indem er seine alten Programmierungen »neu schreibt«. Tatsächlich besitzen wir immense innere Ressourcen. Und die Resilienz – die Fähigkeit, Schicksalsschläge und Krisen zu meistern – ist eine grundlegende Gabe des Menschen. So schreiben die Autorinnen: »Das Phänomen der Resilienz zu verstehen heißt, Ehrfurcht zu empfinden vor den unglaublichen Ressourcen des Menschen, es heißt, Gewissheit zu haben, dass das Leben und die Liebe letzten Endes stärker sein können als jedes Unglück, das uns trifft.«

In einer Welt, die – vor allem seit den Anschlägen vom 11. September 2001 auf die Türme des World

Trade Centers – jegliches Maß verloren zu haben scheint, ist es wichtig, sich zu vergegenwärtigen, dass unzählige Menschen Tag für Tag einem schier »unannehmbaren« Schicksal die Stirn bieten – mit einem Mut und einer emotionalen Intelligenz, die ans Heldenhafte grenzen.

Eine Besonderheit dieses Buches möchte ich ausdrücklich hervorheben: die intellektuelle Bescheidenheit der Autorinnen. »Der Mensch ist vielschichtiger als alle Theorien zu seiner Erklärung«, heißt es hier. Rosette Poletti und Barbara Dobbs vermeiden es, Menschen in Schubladen zu stecken, denn gerade in der Psychologie und in den Sozialwissenschaften unterwirft man den Einzelnen gern Kategorisierungen, die meist ebenso willkürlich wie realitätsfern sind. Jeder Mensch erlebt sein persönliches Drama als einzigartig und individuell. Zahllose Faktoren beeinflussen die Art und Weise, wie wir das, was uns geschieht, interpretieren: die Botschaften, die wir von unserem Umfeld erhalten, die Lebensumstände unserer Kindheit, die besonderen Beziehungen, die jeder von uns eingeht, Gesundheit, Kreativität, kultureller und sozialer Hintergrund, körperliche Verfassung und vieles mehr. Und in puncto Resilienz spielen diese Faktoren bei jedem Menschen auf eine einzigartige Weise zusammen.

Als Leserin und Leser werden Sie es sicher zu schätzen wissen, dass dieses Buch sehr konkret bleibt. Was an Erkenntnissen vermittelt wird, wird anhand individueller Lebensgeschichten gezeigt, gewöhnlich von Menschen, welche die Autorinnen persönlich kennen. Eine dieser Geschichten hat mich besonders berührt: die von Eliane, dem Mädchen, deren Leben eine grundlegend andere Richtung nahm, als sie eine Lehrerin traf, die ihr (unter anderem) sagte, dass sie intelligente Augen habe. In ihrer Familie traute niemand Eliane etwas zu. Hier kommen einem unwillkürlich *Die vier Versprechen* von Don Miguel Ruiz, einem toltekischen Schamanen, in den Sinn. Er hat die Vorstellung vom »untadeligen«, vom »wahrhaften« Wort entwickelt. Wir sollten uns immer bewusst sein, dass ein paar Worte, die zur richtigen (oder zur vollkommen falschen) Zeit fallen, einem Leben eine ganz andere Richtung geben können.

Unsere Autorinnen nehmen in ihre – ihrer Natur nach – offene Arbeit auch Vorstellungen des Kinderpsychologen Marcel Rufo mit auf, der die Ansicht vertritt, dass »alles ständig neu verhandelt wird«. Gegen die deterministischen Hardliner, die uns von Geburt an am liebsten in eine gusseiserne Form pressen würden (und erst recht gegen gewisse Genetiker, die nichts anderes tun, als die Freiheit des Menschen zu leugnen), wagen die Autorinnen folgende Aussage: »Jedes menschliche Wesen ist mit der Gabe der Resilienz geboren, denn die Tendenz zu Wachstum und Entwicklung ist tief in uns angelegt.«

Und so lautet das Fazit von Rosette Poletti und Barbara Dobbs: »Niemand wird vom Leben so k.o. geschlagen, dass er für immer am Boden bleibt.« Wenn das nicht eine Botschaft der Hoffnung ist!

Pierre Pradervand

Autor von *Segnen heilt: Wie dein Segen die Welt verändert und dich selbst*

Einführung

Wenn eine Tür sich hinter dem Glück schließt, öffnet sich eine andere. Doch häufig bleibt unser Blick an der geschlossenen Tür haften, sodass wir die, die uns weit offen steht, gar nicht sehen.

Helen Keller

Seit 40 Jahren fragen wir uns, woran es liegt, dass manche Menschen aus den schrecklichsten Situationen gestärkt hervorgehen, während andere sich in den Maschen des Unglücks verfangen, das sich wie ein Netz über sie legt. Warum stehen manche Menschen wieder auf, wenn ein Orkan durch ihr Leben gefegt ist, während andere am Boden liegen bleiben und ihren Weg nicht mehr finden?

Im Laufe der Jahre, in denen wir zahlreiche einschlägige Erfahrungen sammeln konnten, haben wir verschiedene theoretische Erklärungsansätze für dieses Phänomen studiert:

- Die Biologie geht davon aus, dass jeder von uns ein anderes genetisches Erbe hat und manche Menschen daher von vornherein über mehr Energie verfügen als andere.

- Die Psychologie hebt die Bedeutung unserer kindlichen Beziehungen hervor, aus denen heraus wir eine Persönlichkeit entwickeln, die uns entweder erlaubt, mit Widrigkeiten fertig zu werden – oder eben nicht.

- Die Soziologie unterstreicht den Einfluss der Gruppe, der Kultur und der Familientradition, wenn es um die Fähigkeit des Einzelnen zur Krisenbewältigung geht.

- Und auch die Theologie wirft ihr ganz eigenes Licht auf den Menschen und seine Entwicklung.

Am tiefsten berührt aber haben uns die Menschen, die bei unserer Begegnung gerade dunkle Zeiten durchlebten. Egal, ob es sich dabei um junge oder alte Menschen handelte, um Trauernde oder Sterbende, um Menschen, die mit einer Scheidung oder mit Arbeitslosigkeit fertig werden mussten, an Krebs oder anderen körperlichen oder psychischen Leiden erkrankt waren, oder um die Opfer von Misshandlungen, Mobbing oder sonstigen Ungerechtigkeiten: Unsere Arbeit hat uns in Kontakt mit wunderbaren Menschen gebracht, die Resilienz besaßen, die sich aus den Trümmern ihrer Existenz ein gutes neues Leben aufbauen konnten, die verziehen und ihrem Leben einen Sinn gegeben haben. Von diesen Personen möchten wir Ihnen erzählen. Von den Umständen, unter denen sie ihre Resilienz entwickelt haben – eben weil wir wissen, dass der Mensch vielschichtiger ist als alle Theorien zu seiner Erklärung.

1

Was ist Resilienz?

Ein Schicksalsschlag ist eine Narbe in unserer
Lebensgeschichte, aber keine unheilbare Wunde.
Boris Cyrulnik

Der Begriff »Resilienz« ist aus der Physik schon
lange bekannt. Dort versteht man darunter »die
Fähigkeit eines Systems, mit Veränderungen umgehen zu können«.* Die amerikanische Psychologie
benutzt den Begriff seit mehr als 20 Jahren für ein
ganzes Bündel von Eigenschaften, die es uns ermöglichen, auf eine kreative und auf Veränderung
abzielende Art und Weise mit den Risiken und Problemen in unserem Leben umzugehen.
Heute wird der Begriff »Resilienz« in Europa auch
von den Sozialwissenschaften verwendet. Hier be-

* Wieland, Andreas/Wallenburg, Carl Marcus: »The Influence of
Relational Competencies on Supply Chain Resilience. A Relatio-
nal View«, in: *International Journal of Physical Distribution &
Logistics Management* 43.4 (2013), 300–320.

zeichnet er die »Fähigkeit, Erfolg zu haben, zu leben, sich auf sozial akzeptierte Weise positiv zu entwickeln, trotz Stress oder anderer Umstände, die normalerweise das Risiko eines negativen Ausgangs erhöhen« (Stefan Vanistendael).

Für uns war es die Arbeit des amerikanischen Psychologen Dr. Julius Segal mit Menschen, die schwierige Lebensumstände überwunden haben, die uns auf das Phänomen der Resilienz aufmerksam gemacht hat. Wir arbeiten fast täglich mit Menschen, die sich mit Verlusterfahrungen, Krisensituationen oder lebensbedrohlichen Erkrankungen konfrontiert sehen, und wir verdanken dem Werk von Dr. Segal entscheidende Hinweise darauf, was wir tun können, um frühzeitig die Bildung von Resilienz beim Heranwachsenden, aber auch später beim Erwachsenen zu fördern.

In jüngerer Zeit hat Boris Cyrulnik zwei wichtige Bücher zu diesem Thema veröffentlicht: *Die Kraft, die im Unglück liegt* und *Mein Lebensglück bestimme ich*. Darin beschreibt der Psychologe Mittel und Wege, Resilienz schon bei Kindern zu fördern. Der niederländische Soziologe Stefan Vanistendael analysiert in seinem Buch *Le bonheur est toujours possible* (Glück ist immer möglich) die Umstände, die Kinder in Extremsituationen Resilienz entwickeln lassen. Hierfür untersuchte er Straßenkinder

in Brasilien sowie Kinder, die in indischen Teppich-
fabriken unter sklavenähnlichen Bedingungen arbeiten müssen.

Für Stefan Vanistendael ist Resilienz weit mehr als
nur die Fähigkeit, Schwierigkeiten zu überwinden.
Seiner Ansicht nach hat sie zwei Dimensionen:

1. Die Widerstandsfähigkeit im Angesicht der
   Zerstörung, die Fähigkeit, die eigene innere
   Unversehrtheit auch unter enormem Druck zu
   bewahren.
2. Die Fähigkeit, sich selbst neu zu erschaffen,
   sich angesichts widriger Umstände ein lebens-
   wertes Leben aufzubauen.

Vanistendael zitiert Friedrich Loesel, der das Phänomen der Resilienz bei jugendlichen Straftätern
erforschte und dabei weitere Aspekte herausarbei-
tete:

*Resilienz zeigt sich in Risikosituationen, die mit
mehreren Stressfaktoren zugleich verbunden sind:*
Diese Form der Resilienz beschreibt Tim Guénard
in seinem Buch *Boxerkind. Überleben in einer
Welt ohne Liebe* sehr eindrücklich. Von seiner
Mutter verlassen und vom Vater fast zu Tode ge-
prügelt, wird der kleine Tim bereits im Alter von
fünf Jahren in ein Waisenhaus gesteckt. Von dort
aus wandert er von einer Pflegefamilie zur ande-

ren, gerät in Jugendhaft und lernt nichts außer Hass und Gewalt. Aber der Junge verfügt über die Fähigkeit der Resilienz. 40 Jahre später ist er Imker, verheiratet, Familienvater und nimmt auf seinem Bauernhof in Not geratene Menschen auf und hilft ihnen, im Leben wieder Fuß zu fassen.

Resilienz zeigt sich darüber hinaus, wenn Menschen unter Gefahr für Leib und Leben ihre Identität bewahren und weiterhin an einem harmonischen Wachstum arbeiten: Es gibt zahllose Berichte von Jugendlichen wie zum Beispiel der Jüdin Anne Frank, die auch unter härtesten Bedingungen ihr Leben weiterführen. So schreibt Francine Christophe in ihrem Buch *Nicht mehr Eure Welt. Ein Kind in Gefängnissen und Lagern 1942–1944*: »Meine Schultern wurden von Tag zu Tag schmäler, aber ich hielt meinen Rücken gerade. Ich dachte an das, was Mama mir gesagt hatte, als ich zum ersten Mal den Judenstern zu tragen hatte: Ich würde mein Rückgrat nicht beugen. Ein Stern kann so hübsch leuchten, aber meiner ist wie Blei.«

Und Resilienz zeigt sich auch dann, wenn jemand von einem oder mehreren Traumen geheilt wird und sich ein gutes Leben aufbaut: Myriam Cardinaux schildert in ihrem Buch *Une petite fille en trop* (Ein kleines Mädchen zu viel) minutiös die körperlichen und seelischen Grausamkeiten, die eine Mutter ihrem Kind antun kann: Hass, Verachtung, Misshandlung. Heute ist Myriam selbst Mutter und nimmt überdies mit ihrem Mann Pflegekinder auf, die kurzfristig Hilfe benötigen.

Resilienz – ein Grund zur Hoffnung

Schicksalsschläge überwinden, wieder aufstehen und weitermachen – das ist keine leichte Sache, denn erlittene Traumata lassen sich nicht auslöschen wie Kreide auf einer Tafel.

Myriam Cardinaux schreibt dazu: »Es gab auf diesem Weg sehr schwierige Hürden, die ich keineswegs alle mit Leichtigkeit übersprungen habe wie eine Läuferin beim Hindernisrennen. Manche Dinge hätte ich ohne die Hilfe meines Psychologen und meines Hausarztes nie überstanden.«

Resilienz zu zeigen kostet unter Umständen viel Mut und Kraft. Im Gegenzug eröffnet sie uns jedoch die Möglichkeit, uns selbst aus den tragischsten Situationen zu befreien. Ein Mensch, der über Resilienz verfügt, ist keineswegs gefeit davor, vom Leben verwundet zu werden, er verfügt aber über die nötigen Mittel, um diese Wunde heilen zu lassen. Allerdings bleibt eine Narbe zurück, die ein Leben lang von dem Kampf, aber auch dem Sieg zeugen wird. An manchen Tagen wird das Leben an dieser seelischen Narbe scheuern wie ein zu enges Kleidungsstück auf der Haut. Dann kann der resiliente Mensch seine Erfahrung nutzen, um sich in andere vom Leben Verwundete einzufühlen und ihnen verständnisvoll zu begegnen.

Das Modell der Resilienz zeigt uns, dass es möglich ist, »aufrecht zu leben«, wie Martin Gray, Überlebender des Warschauer Gettos, es ausdrückt. Und Menschen, die in der Sozialarbeit, im Erziehungs- oder Gesundheitswesen und der Justiz tätig sind, können so ihre Schüler, Patienten und Schützlinge in einem anderen Licht sehen.

Man kann als Kind von seinen Eltern oder Erziehungsberechtigten misshandelt, vergewaltigt und gedemütigt worden sein und trotzdem selbst ein guter Vater bzw. eine gute Mutter werden. Man kann durch die Finsternis gegangen sein und trotzdem ein strahlendes Leben führen.

Es stellt sich unwillkürlich die Frage, warum bis in die 1980er-Jahre hinein dem Phänomen der Resilienz kaum Aufmerksamkeit geschenkt wurde. Das kann verschiedene Gründe haben. Einer davon ist möglicherweise, dass gerade resiliente Menschen bei sozialen Diensten, Gesundheitseinrichtungen oder der Justiz selten auffällig werden. Sie führen in der Regel ein unabhängiges und meist positives Leben, sind kreativ und legen Intelligenz, Beständigkeit und Mitgefühl an den Tag.

Dass man so häufig Menschen begegnet, die in schwierigsten Lebenslagen Resilienz zeigen, beweist, dass es selbst unter widrigsten Bedingungen gelingen kann, sein Leben zu verändern und auch generationenübergreifende Tragödien hinter sich zu lassen, indem man die Umstände ändert, die mit der jeweiligen Situation verbunden sind.

Der Mensch besitzt ganz unglaubliche Fähigkeiten. Und genau dort sollten wir ansetzen.

Das Konzept der Resilienz ermöglicht es uns, Menschen, die Tragödien erlebt haben, die mit einer unter schlechtesten Bedingungen ins Leben gestartet sind, anders zu betrachten. Sie mit Intelligenz, Demut und Mitgefühl zu behandeln. Und uns ins Gedächtnis zu rufen, was Martin Gray gesagt hat, der selbst zwei schreckliche Schicksalsschläge zu erdulden hatte:

Hab Vertrauen. Am Ende ist es nicht der Tod, der gewinnt.

Geschichten vom Wiederaufstehen

Die Geschichten von Menschen, die über eine ausgeprägte Resilienz verfügen, sind ebenso zahlreich wie verschiedenartig. Sie ereignen sich an den unterschiedlichsten Orten und in den verschiedensten Lebensphasen. Manchmal bildet das Leiden eines ganzen Volkes den Rahmen, wie zum Beispiel ein Krieg, während andere sich in aller Stille in Einsamkeit und Angst abspielen, so wie die Misshandlung eines Kindes.

Um zu verdeutlichen, was wir mit Resilienz eigentlich meinen, möchten wir Ihnen hier einige Menschen vorstellen, die überlebt haben, weil sie ebendiese Eigenschaft in hohem Maße bewiesen haben.

Nach allem, was Ihnen bislang in Ihrem Leben widerfahren ist, können Sie sich hinsetzen und Ihr Schicksal beweinen. Oder Sie können es als günstige Gelegenheit betrachten. Alles, was geschieht, können Sie entweder als Möglichkeit zum Wachstum oder als Hindernis für Ihre Entwicklung sehen. Sie allein sind es, der darüber entscheidet, niemand sonst.

Wayne Dyer

Paolas Geschichte

Paola ist heute 75 Jahre alt und längst im Ruhestand. An ihre Kindheit kann sie sich kaum erinnern. Sie ist in einem Waisenhaus aufgewachsen, in dem ein strenges Regiment geführt wurde und körperliche Züchtigungen an der Tagesordnung waren. Doch Paola war ein robustes Mädchen und tat sich außerdem leicht in der Schule. Bald teilte man ihr die Aufgabe zu, den anderen Kindern beim Lernen zu helfen, was sie gern tat. Paola mochte die Schule, auch wenn die anderen Kinder dort sie verachteten, weil sie Waise war.

Die Leiter des Waisenhauses waren sehr religiöse Menschen. Den Kindern wurden Bibelverse eingetrichtert wie: »Du sollst nicht stehlen«, »Du sollst den Namen des Herrn nicht missbrauchen«, »Wer dich liebt, bestraft dich« oder »Der Lohn der Sünde ist der Tod«. Der Gott der Waisenkinder war ein zorniger Gott, den man zu fürchten hatte.

Paola, die jeden Tag mit den anderen Waisenkindern – ordentlich in Zweierreihen – zur Messe ging, fand dieses Gottesbild mehr als zweifelhaft. Warum beschrieb der Priester in der Kirche Gott ganz anders als der Waisenhausdirektor? War er nicht auch ein Gott der Liebe? Warum war der Gott des Waisenhauses so anders als der in der Messe?

Eines Tages, als Paola sich in den Augen der Direktorengattin schlecht benommen hatte, sagte diese zu ihr, sie sei ohnehin ein Kind der Sünde und ihre Mutter habe sie verlassen, weil sie nicht für sie hatte sorgen können.

Dieser Satz beschäftigte Paola lange Zeit.

Als sie 14 Jahre alt wurde, geschah etwas ganz Besonderes: Der Pfarrer ihrer Kirche fragte beim Waisenhausdirektor an, ob Paola vielleicht im Kirchenchor mitsingen dürfe, da sie eine sehr schöne Stimme habe.

Von diesem Moment an war Paola glücklich, denn im Gesang konnte sie sich wahrhaftig ausdrücken. Der gesamte Chor schätzte ihre wunderbare Stimme. Und auch die Kirchengemeinde betrachtete sie zum ersten Mal mit anderen Augen: nämlich voller Bewunderung.

Mit 16 Jahren kam Paola für kurze Zeit zu einer Familie in der deutschsprachigen Schweiz. Auch dort ging sie in den Kirchenchor. Als sie wieder in den französischen Teil der Schweiz zurückkehrte, begann sie eine kaufmännische Lehre und übernahm zum ersten Mal selbst Verantwortung für ihr Leben.

Irgendwann allerdings wurde ihr klar, dass ihre Berufung eine andere war. Nach ausgiebigen Erkundigungen und langem Zögern bewarb sie sich an einem Institut für Diakonissen (evangelische Ordensschwestern, die sich ganz dem Dienst am Menschen, z. B. als Kindergärtnerin, Krankenschwester oder Altenpflegerin, verschrieben haben). Sie wurde angenommen und legte ein paar Jahre später die Gelübde ab.

Als Diakonisse und Krankenschwester bekleidete sie während ihres gesamten Erwachsenenlebens eine verantwortungsvolle Position.

Paola beendete ihre Geschichte mit folgendem Satz: »Möglicherweise wurde ich aus der Sünde geboren, doch diese Frucht der Sünde hat sich am Ende für die Gesellschaft als ausgesprochen nützlich erwiesen.«

Myriams Geschichte

Myriam Cardinaux beschreibt ihren schwierigen Start ins Leben (mithilfe der Autorin Anne-Lise Grobéty) in ihrem, bereits erwähnten Buch *Une petite fille en trop* (Ein kleines Mädchen zu viel).

Besonders erschütternd an ihrer Geschichte ist, dass ihre Mutter sie gleich von Anfang an ablehnt: »Ein Mädchen? Ich will kein Mädchen. Warum muss mir das passieren?«, ist ihre erste Reaktion nach der Geburt ihrer Tochter. Und so wird Myriams Kindheit zu einer einzigen Abfolge von

Demütigungen – schmerzhafte Erinnerungen, denen sie sich in ihrem Buch stellt.

»Pisserin« nannte sie ihre Mutter. Wenn sie in ihr Höschen gemacht hatte, musste Myriam es ausziehen, sich damit das Gesicht abwischen und es dann wieder anziehen. Sie bekam nie genug zu essen, und auch der Schulweg, den sie zu Fuß zurücklegen musste, war für das Mädchen eine Quälerei. Häufig wurde sie geschlagen und dabei mehrfach lebensgefährlich verletzt. Vermutlich hegte ihre Mutter den tiefen Wunsch, sie zu töten. Doch trotz alledem hielt Myriam am Leben fest.

Sie verbrachte einige Monate im Krankenhaus, fand aber nicht den Mut, dort jemandem von ihrem häuslichen Martyrium zu erzählen. Und doch entdeckte sie in der Klinik, dass es durchaus Liebe auf der Welt gibt. Die Krankenschwestern und die anderen Patienten mochten das Mädchen, von ihnen erfuhr sie Zuneigung. Als ihre Mutter sie schließlich nach Hause holte, sagte sie zu Myriam: »Besser wäre es, du wärst verreckt. Dann wäre ich dich wenigstens los, du undankbarer Balg!«

Später kam das Mädchen in ein Sanatorium. Dort lernte sie zu lachen und Spaß zu haben. »Da fing ich endlich an mit dem Geborenwerden«, schreibt sie. Doch die Rückkehr nach Hause war genauso schlimm wie beim ersten Mal. »Aber«, schreibt

Myriam, »es gab da etwas in mir, das sich von den Demütigungen nicht kleinkriegen ließ, von der Scham, ein ungeliebtes Kind zu sein, ja schlimmer noch, ein geprügeltes Mädchen. Ich rechnete fest mit der Schule. Dort würde ich es schaffen, ich würde es allen zeigen.«

Myriam hatte eine Großmutter, die sie sehr liebte: »Bei ihr lebte ich wieder auf.« Auch die Geburt ihres kleinen Bruders verbesserte ihre Situation etwas: »François' Existenz weckte meinen Kampfgeist. Ich beschloss, mit aller Kraft gegen das anzukämpfen, was mich zu Boden drücken wollte.«

Trotz ihrer Begabung durfte Myriam nicht auf die Oberschule gehen. Stattdessen gab ihre Mutter sie zu einem Gemüsegärtner in die Lehre, wo sie gnadenlos ausgebeutet wurde.

Glücklicherweise nimmt die Geschichte eine positive Wendung. Myriam lernt ihren späteren Mann kennen, der sie akzeptiert, sie versteht und ihr Vertrauen gewinnt. Sie bringt zwei Töchter zur Welt, von denen eine schließlich den Traum ihrer Mutter verwirklicht und Krankenschwester wird.

Was an Myriams Geschichte immer wieder ins Auge springt, ist das alles beherrschende Thema des Schweigens, des Geheimnisses, das das Mädchen bewahren muss. Sie muss Erklärungen finden für all ihre blauen Flecke und wird damit aus Angst vor weiteren Schlägen zur Komplizin ihrer Peinigerin. Genauso augenfällig ist der fehlende Mut der Nachbarn, der Lehrer, der Familie, vor allem des Vaters.

Myriam hebt deutlich hervor, dass die Zeit keineswegs alle schlimmen Erinnerungen auslöscht, sondern diese in der Tiefe präsent bleiben. Doch die Offenheit, zu der sie in ihrem Buch gefunden hat, habe unendlich heilsam gewirkt.

Etiennes Geschichte

Etienne war zehn, als er mit seinen beiden Brüdern in eine Pflegefamilie kam, weil die Mutter die Kinder vernachlässigte und der Vater sie misshandelte. Das Sorgerecht allerdings verblieb bei den Eltern.

Etienne erinnert sich nur lückenhaft an seine Kindheit. Das Einzige, was ihm für immer im Gedächtnis bleibt, ist die extreme Angst, die ihn ständig quälte. Nichts um ihn war sicher. Je nach Tagesform war seine Mutter nett und lachte viel, nur um dann – ohne jeden ersichtlichen Grund – herumzubrüllen, die Kinder zu schlagen oder sie, was noch schlimmer war, allein zu lassen.

Etienne hatte enorme Schwierigkeiten, sich an das Leben in der Pflegefamilie anzupassen. Alles schien ihm viel zu streng geregelt. Er sehnte sich nach mehr Freiheit und Selbstbestimmung – hatte er doch, sobald er begriff, was in seinem Elternhaus vor sich ging, Verantwortung für seine beiden jüngeren Brüder übernommen.

Glücklicherweise verfügten seine Pflegeeltern neben der Unterstützung durch die Sozialdienste über genug Geduld, Intelligenz und Liebe, um ihn trotzdem weiter zu fördern, ihm einen festen Rahmen zu bieten und ihn wertzuschätzen.

In den Judokursen, die er belegte, war er bald der Beste und wurde schließlich Juniorenmeister.

Etienne redete nicht viel, lieber zeichnete und malte er, wann immer sich die Möglichkeit dazu ergab. Sobald er ein leeres Blatt Papier und einen Stift fand, entstanden Zeichnungen von den Menschen, die sich seinem Gedächtnis eingebrannt hatten – darunter auch ein Freund seiner Mutter, der ihn anscheinend sexuell missbraucht hatte.

Und so entwickelte Etienne Blatt für Blatt eine tiefe Liebe zum Zeichenstift. Allen Hürden zum Trotz schaffte er es schließlich, an einer Kunstschule aufgenommen zu werden und dort seinen Abschluss zu machen. Heute lebt er als freier Künstler. Er hat zwar nicht kontinuierlich Aufträge, kommt aber mit dem Verkauf seiner Bilder gut über die Runden.

Nach wie vor kümmert sich Etienne viel um seine

Brüder und gibt ihnen die Art von Aufmerksamkeit und Zuneigung, die sie so sehr brauchen.

Das einzige Problem, das er noch hat, ist die Beziehung bzw. die fehlende Beziehung zu seinen Eltern. Sein Vater ist sehr krank, und seine Mutter hat versucht, Kontakt zu Etienne aufzunehmen. Doch das hat der junge Mann bislang kategorisch abgelehnt.

Die Geschichte seines Erwachsenenlebens ist noch lange nicht zu Ende, und es gibt immer noch viele Probleme, denen er sich stellen muss. Aber Etienne hat den Weg aus dem Elend gefunden. Er ist kreativ, kümmert sich um andere, baut sich ein eigenes Leben auf. Seine Brüder und er halten bis heute herzlichen Kontakt zu den Pflegeeltern.

Marcellines Geschichte

Marcelline wurde 1945 geboren. Heute ist sie glückliche Großmama von sechs Enkeln. Seit ihr Mann gestorben ist, lebt sie allein. Trotzdem schätzt sie das Glück jedes einzelnen Tages.

Dabei war Marcellines Leben keineswegs der sprichwörtliche »lange, ruhige Fluss«. Sie kam in einem Bergdorf zur Welt. Ihre Eltern waren einfache Menschen, und das Leben in den Bergen war hart.

Sie hatte fünf jüngere Brüder und Schwestern, doch nach der letzten Entbindung entwickelte Marcellines Mutter Symptome einer manisch-depressiven Erkrankung, die erst viele Jahre später diagnostiziert wurde. Und so stand Marcelline als die Älteste der Geschwister lange Zeit an vorderster Front, sobald ihre Mutter eine ihrer Krisen durchlebte, bei denen sie zwischen tiefer Depression und starken Erregungszuständen hin und her schwankte. Ihr Vater konnte nicht einmal ansatzweise mit dieser Situation umgehen. Wenn seine Frau depressiv war, meinte er nur, sie solle sich zusammenreißen. Immer wieder beleidigte er sie vor den Kindern. Hatte sie dagegen einen ihrer Erregungszustände, floh er aus dem Haus und verbrachte seine Zeit in den Kneipen der Umgebung. Und wenn er zurückkam, »dann flogen die Fetzen«, wie Marcelline sich erinnert.

Marcelline hatte sich zur Expertin für die Krisen ihrer Mutter entwickelt. Sie »fühlte« die leichten Stimmungsschwankungen, welche die Zustände ankündigten, lange bevor diese sich manifestierten. Diese Fähigkeit versetzte sie in die Lage, ihre Geschwister zu warnen. Dann tat jeder sein Möglichstes, »um Mama nicht zu reizen«.

Bis zu ihrem 16. Lebensjahr bestand Marcellines Leben aus nichts als Verantwortung, Angst und

Arbeit, weil sie neben der Schule ihre Geschwister versorgte und ihre Mutter unterstützte. Der Vater war ihr dabei keine Hilfe, er zog die Flucht in den Alkohol vor. Mehrfach wurde ihre Mutter in die Psychiatrie eingewiesen.

Eines Tages starb Marcellines Vater. Er fuhr in einer Winternacht betrunken mit dem Fahrrad nach Hause, stürzte und schaffte es nicht mehr, aufzustehen. Am nächsten Tag fand man ihn erfroren am Straßenrand. Aufgrund der chronischen Erkrankung der Mutter beschlossen die Behörden, die Halbwaisen in Pflegefamilien zu geben. Marcelline kam an eine Hauswirtschaftsschule mit Internat.

Nach ihrem Abschluss dort ging sie zurück in ihre Heimatgemeinde und machte eine Ausbildung zur Familienhelferin. Sie fand eine Stelle bei einem örtlichen Sozialdienst und unterstützte fortan hilfsbedürftige Familien.

Ihre Erfahrungen mit ihren Eltern haben ihr dabei »viel geholfen«, wie sie selbst sagt, denn sie weiß, wie schwierig das Leben in einer Familie sein kann: der Haushalt, die Kinder, der Garten – all die Arbeit. Beeindruckend an ihr ist vor allem ihre unglaubliche Toleranz, ihre Fähigkeit, auch Menschen zu akzeptieren, die am Rande der Gesellschaft stehen. Nie würde es ihr einfallen, jemandem Vorschriften zu machen oder ihm von oben herab Ratschläge zu erteilen.

In ihrem beruflichen Umfeld wurde Marcelline sehr geschätzt. Man vertraute ihr die schwierigsten Fälle an, Auszubildende und Berufsanfänger holten sich bei ihr Rat.

Die meisten Menschen, die sie kennen, finden, dass man sich mit ihr »einfach angenommen fühlt. Sie weiß immer, was zu tun ist und wie man sich am besten verhält.«

Vor Kurzem ging Marcelline in Rente, um sich endlich ganz ihren Enkelkindern widmen zu können, ganz so, wie sie es sich immer gewünscht hat. Und wir hoffen, dass sie ihnen beibringt, wie man die Fähigkeit entwickelt, sich auch unter widrigen Umständen zurechtzufinden. In jedem Fall wird sie ihnen als Vorbild für ein glückliches Leben dienen.

Sophies Geschichte

Sophie wurde gleich nach ihrer Geburt zur Adoption freigegeben. Erst im Alter von zwölf Jahren erfuhr sie, dass ihre Eltern nicht ihre leiblichen sind. Das war ein fürchterlicher Schlag für sie. In der Folge war sie auf die ganze Welt wütend: auf ihre Adoptiveltern, ihre biologischen Eltern, auf die anderen Kinder an der Schule und in der Nachbarschaft, auf ihre Brüder und Schwestern. Sie zog sich in sich selbst zurück und wurde aggressiv. Dementsprechend schwierig war ihre Jugend. Glücklicherweise blieben ihre Zensuren einigermaßen gut, da sie die Schule mochte und dort stets gut zurechtgekommen war. Das Abitur bestand sie mit einigermaßen befriedigenden Noten. Da sie ins Gesundheitswesen wollte, meldete sie sich an einer Krankenpflegeschule an. Während der Ausbildung fing sie an, nach ihren leiblichen Eltern zu suchen. Das war nicht ganz einfach, doch schließlich fand sie Folgendes heraus: »Ein weibliches Kind wurde gegen 6.30 Uhr morgens von einem Angestellten am Eingangstor des Städtischen Krankenhauses gefunden. Das Kind war bei guter Gesundheit und etwa drei oder vier Tage alt. Es war warm eingepackt und trug ein besticktes Hemdchen. Um den Hals hatte es eine Kette mit einem Medaillon der Jungfrau Maria.« Das war nicht viel, aber für Sophie war es genug. An jenem Tag beschloss sie, die verzweifelte Suche nach ihren Wurzeln aufzugeben und sich ganz dem Beruf zu widmen, den sie für sich gewählt hatte.

Und sie sagte sich, dass sie doch eigentlich Glück habe: Anders als andere Kinder konnte sie sich ihre biologischen Eltern so vorstellen, wie sie wollte. Und so entschied sie, dass ihre leibliche Mutter eine tiefgläubige Bretonin gewesen sei, die im Haus einer bürgerlichen Familie als Dienstmädchen angestellt war und – da sie wunderschön war – vom Sohn des Hauses verführt wurde. Und aus dieser unmöglichen Liebe war sie, Sophie, hervorgegangen. Sie hatte die Intelligenz ihres Vaters geerbt und die Gesundheit sowie die Schönheit ihrer Mutter. Mit diesen Gaben sollte es ihr doch eigentlich gelingen, etwas aus ihrem Leben zu machen.

Als wir Sophie kennenlernten, war sie Oberschwester in einem großen Krankenhaus. Dafür hatte sie nach der Krankenpflegeschule eine Ausbildung im Bereich Gesundheitsmanagement an der Universität in Rennes absolviert. Sie war glücklicher Single und unterhielt enge Beziehungen zu ihrer Pflegefamilie. Sie wirkte zufrieden und erfüllt, ihre Charakterstärke und ihr Optimismus waren beeindruckend.

Géralds Geschichte

Manchmal sind Kinder auch mit starken körperlichen Behinderungen konfrontiert, so wie Gérald Métroz, der im Alter von zwei Jahren beide Beine bei einem Zugunfall verlor. Seine Geschichte hat Jacques Briod in dem Buch *Ich lass mich nicht behindern* aufgezeichnet.

Gérald schildert darin sein Leben als Kind ohne Beine sowie die Mittel, die er ersann, um mit dieser Situation zurechtzukommen und zu leben wie die anderen. Er schreibt: »Die Vorstellung, aufgrund meiner Behinderung bei nichts mitmachen zu können, versetzte mich in Panik. Ich hatte große Angst, von den anderen ausgeschlossen zu werden.«

Gérald begeisterte sich zunehmend für Sport. Er übte sich in allem, was seine Behinderung zuließ. Schließlich »verliebte er sich«, wie er selbst sagt, ins Eishockey. Mit neun Jahren schnallte er die ersten Schlittschuhe unter seine Prothesen. Und er wurde Torhüter, obwohl es für ihn wirklich schwierig war, sich wieder zu aufzurichten, wenn er hingefallen war. Bis zu seinem 16. Geburtstag trainierte er mit großem Eifer – und der bedingungslosen Unterstützung seines Trainers.

Gérald verfügt über einen unverwüstlichen Humor, der ihn die Einschränkungen, die ihm seine Behinderung auferlegt, gelassen hinnehmen lässt. Sein Wunsch, »so zu sein wie die anderen«, führte dazu, dass er sich in der Schule anstrengte und erfolgreich war. Er fing an, in Genf zu studieren, wurde Journalist und ging schließlich nach Kanada, wo er sich auf Eishockey-Berichterstattung spezialisierte. Dort beschloss er, künftig auf seine Prothesen zu verzichten und stattdessen den Rollstuhl zu benutzen. Er akzeptierte sich nun genau so, wie er ist – ohne Angst vor Entdeckung, während er früher ständig versucht hatte, seine Prothesen zu verstecken.

Seit dieser Zeit ist Gérald ein begehrter Sportreporter. Trotz seines schwierigen Startes ins Leben hat er seinen Traum wahr gemacht.

Samuels Geschichte

Samuel ist heute ein alter Mann. Vielleicht erinnert er sich gerade deshalb so genau an seine Kindheit. Er kam nach drei tot geborenen Kindern zur Welt und war die Freude seiner Eltern, die einen kleinen Laden in ihrem Dorf besaßen.

Auf seine Geburt folgten noch zwei Brüder und eine Schwester. Jedes Jahr ein Kind. Das Leben war hart, und der Laden füllte längst nicht alle Mäuler, obwohl seine Mutter klug und arbeitsam war. Doch dem Vater mangelte es an Geschäftssinn. Samuel half seiner Mutter, so gut er konnte, aber er war schließlich noch ein Kind. Mit zehn Jahren gaben ihn seine Eltern zu Bauern auf einen Hof. Dort ließ man ihn den ganzen Tag schuften: aufstehen in der Morgendämmerung, vor der Schule die Tiere versorgen und sobald mittags die Schulglocke läutete zurück auf den Hof und helfen. Die

Hausaufgaben waren ein Problem, denn wenn der Junge abends mit der Arbeit fertig war, war er todmüde. Doch Samuel fand einen Weg, sein Schulbuch an der Flanke der Kuh zu befestigen, während er sie molk. So lernte er seine Lektionen im Halbdunkel des Stalls. Frei hatte er nie, denn Kühe müssen sonntags wie werktags gemolken werden. Seine Mutter fehlte ihm so sehr, dass er eines Sonntags beschloss, ins Dorf seiner Eltern zu laufen, das 16 Kilometer Luftlinie entfernt lag. Als er dort angekommen war, konnte er seine Mutter nur einmal umarmen, bevor er sich wieder auf den Rückweg machen musste. Auf dem Hof wurde er mit Beschimpfungen empfangen, weil er zehn Minuten zu spät zur Stallarbeit kam.

Am schwersten war für ihn, dass die Kinder der Bauernfamilie ganz anders behandelt wurden als er. Sie hatten Zeit, ihre Hausaufgaben zu machen, durften spielen und mussten nicht 14 Stunden am Tag arbeiten.

Doch der Lehrer war auf Samuels Seite. Er hatte Verständnis dafür, dass dieser einfach keine Zeit hatte, die korrekte Rechtschreibung zu lernen. Und er förderte ihn in allen anderen Fächern, in denen er hervorragend abschnitt – ob es sich nun um Mathematik handelte oder um das Schreiben von Aufsätzen. Häufig las er Samuels Aufsätze der

Klasse laut vor und gratulierte ihm zu seiner kreativen Ader.

Mit 16 Jahren begann Samuel eine Lehre in der Bezirkshauptstadt, die er mit Auszeichnung abschloss. Darauf folgte ein berufsbegleitendes Studium, er erwarb den Magistergrad und besuchte weitere Kurse für Graduierte. Heute kann Samuel auf eine beachtliche berufliche Karriere zurückblicken, unter anderem war er 20 Jahre lang Direktor eines öffentlichen Versorgungsunternehmens. Zu seinen herausragenden Charaktereigenschaften gehören sein unbestechlicher Sinn für Gerechtigkeit sowie die Achtung und das Mitgefühl für andere.

Resilienz hat nicht immer etwas mit Heldentum oder außergewöhnlichen Leistungen zu tun. Sie zeigt sich auch im Alltag auf vielerlei Art und Weise. Und sie ist sehr viel verbreiteter, als man gemeinhin annimmt. Es gibt Langzeitstudien über Kinder aus Risikofamilien, die mit extremer Armut, Krieg, Alkoholismus oder psychischen Krankheiten der Eltern konfrontiert waren, die körperlich misshandelt und sexuell missbraucht worden waren. Dabei wurde untersucht, wie diese Kinder sich langfristig entwickeln. Es zeigte sich: 50 bis 70 Prozent von ihnen wachsen zu kompetenten, vertrauensvollen und mitfühlenden Erwachsenen heran.

Möglicherweise sind unter Ihnen, liebe Leserinnen und Leser, jetzt einige, die erkennen, wie viel Resilienz sie besitzen, obwohl ihnen dies bislang nie klar war.

Resilienz ist eine grundlegende menschliche Eigenschaft. Alle Menschen haben die Kraft, sich zu wandeln und ihre Welt zu verändern, wenn sie in sich und um sich herum die Bedingungen vorfinden, die sie brauchen, um Widerstand leisten zu können.

Welche Bedingungen sind das? Was verbindet die Geschichten, die wir gerade gehört haben? Das werden wir uns im Folgenden gemeinsam ansehen.

2

Wie entwickelt man Resilienz?

Es liegt auf der Hand, dass es kein größeres Leiden gibt als jenes, das man selbst erlebt.

Tim Guénard,
Boxerkind. Überleben in einer Welt ohne Liebe

Resilienz ist ein vielschichtiges Phänomen. Boris Cyrulnik teilt es in drei wesentliche Dimensionen auf. Diese sind:

1. Der Erwerb von inneren Ressourcen, der von den ersten Lebensmonaten an erfolgt.
2. Art und Ausmaß an Aggression, Verletzung oder Vernachlässigung, die ein Kind erleidet, und vor allem deren Bedeutung für das Kind.
3. Die Möglichkeiten zur Aussprache und zum Handeln.

Resilienz ist also etwas, das ganz wesentlich von der Psyche des Betroffenen abhängt, von der kulturellen Bedeutung seines Leids und von der sozialen Unterstützung, die ihm zuteilwird.

Andere Forscher, die sich ebenfalls lange mit diesem Thema beschäftigt haben, wie Stefan Vanistendael, gehen davon aus, dass darüber hinaus noch weitere Faktoren Einfluss auf die Resilienz haben. Dazu zählen:

- Netzwerke und soziale Hilfestellungen, die dem Kind zur Verfügung stehen, sowie das Ausmaß, in dem das Kind in diesem Rahmen als Person bedingungslos akzeptiert wird.
- Die Fähigkeit, einen Sinn im Leben zu finden, jener Aspekt also, der mit Religion und Spiritualität zu tun hat.
- Die Fähigkeit und das Gefühl, sein Leben (zumindest ansatzweise) selbst in die Hand nehmen zu können.
- Eigenliebe.
- Sinn für Humor.

Für Stefan Vanistendael ist Resilienz kein unbedingtes und stabiles Merkmal einer Persönlichkeit, sondern eine Eigenschaft, die ständig bestärkt werden muss.

In einem der Hefte des *Bureau international catholique de l'enfance* (eine französische katholische Nicht-Regierungsorganisation, die in den 1980er-

Jahren an der Erarbeitung der UN-Kinderrechts-konvention beteiligt war) mit dem Titel *La résili-ence ou le réalisme de l'espérance* (Resilienz oder die gerechtfertigte Hoffnung) vergleicht er das Phänomen der Resilienz mit einer »Casita«, einem kleinen Haus. Da dieses Schema gerade für Menschen, die mit anderen Menschen arbeiten, nützlich sein kann, wollen wir es hier wiedergeben. Es soll eine Hilfestellung für all jene sein, die Resilienz bei anderen fördern wollen.

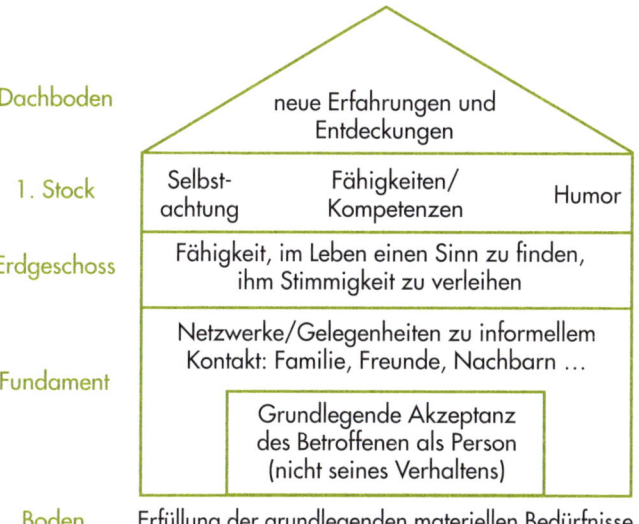

Casita: der Aufbau der Resilienz

Die amerikanischen Psychologen Steven und Sybil Wolin arbeiten ebenfalls schon lange zum Thema Resilienz. Sie sprechen jedoch eher von Resilienzen, um so die Vielzahl von Ressourcen und Fähigkeiten zu beschreiben, über die der Mensch verfügt. Insgesamt hat das Paar sieben Resilienzen ausgemacht, die sich bei einem Menschen – egal, in welchem Lebensalter – entwickeln und unterschiedliche Form annehmen können. Diese sind:

- *Bewusstheit:* die Fähigkeit, ein Problem und seine Ursachen zu erkennen und dafür Lösungen für sich und andere zu suchen, während man gleichzeitig sensibel bleibt für die Signale aus dem Umfeld.
- *Unabhängigkeit:* Diese hängt davon ab, inwieweit der Betroffene in der Lage ist, zwischen sich und ihm nahestehenden Personen eine Grenze zu ziehen, sich von jenen zu distanzieren, die ihn manipulieren, und Beziehungen, die ihm schaden, abzubrechen.
- Die Entwicklung von befriedigenden *Beziehungen* zu anderen Menschen und die Fähigkeit, geistig und seelisch gesunde Partner zu wählen.
- *Initiative:* die Fähigkeit, mit sich selbst und den Gegebenheiten konstruktiv umzugehen und Freude am Handeln zu haben.

- *Kreativität:* die Fähigkeit, anders zu denken als andere und sich in eine imaginäre Welt zurückziehen zu können, die es erlaubt, das eigene Leid zu vergessen und seine Emotionen positiv auszudrücken.
- *Humor,* der die innere Spannung reduziert und auch dem Tragischen noch eine komische Seite abgewinnen kann.
- *Ethik:* der innere Kompass, nach dem man sein Handeln ausrichtet, weil man weiß, was richtig und was falsch ist. Sie ermöglicht uns, mitfühlend zu sein und andere zu unterstützen.

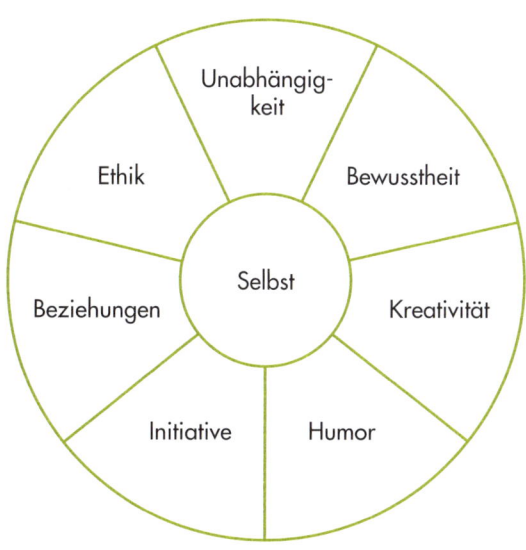

Das Ehepaar Wolin geht davon aus, dass das Modell der sieben Resilienzen auch für Lehrer, Psychologen, Sozialpädagogen, Ärzte, Krankenschwestern und Pfleger nützlich sein kann. Mit seiner Hilfe können diese leichter erkennen, in welchen Bereichen ein Kind über die nötigen Stärken und Ressourcen verfügt, um mit Hindernissen fertig zu werden, die auf den ersten Blick unüberwindlich scheinen.

Ein Schwachpunkt des Modells könnte sein, dass darin die Beziehung des Kindes zu seinen Bezugspersonen möglicherweise nicht ausreichend gewürdigt wird. So schreibt Boris Cyrulnik, dass ein Kind, das nur eine einzige positive Beziehung führen kann, schon eine bessere Prognose für seine Entwicklung und damit für eine bessere Resilienz im Problemfall hat als ein Kind, das nie eine positive Erfahrung mit Erwachsenen gemacht und nie erlebt hat, dass diese eine sichere Anlaufstelle sein können. Cyrulnik geht zudem davon aus, dass der Prozess der Resilienz auf jeder Entwicklungsstufe neu initiiert werden muss. Darüber hinaus hängen die Wunden, die ein Kind in schwierigen Situationen davonträgt, auch von der Art des Traumas und den jeweiligen Begleitumständen ab: Ein Kind, das seinen Vater im Krieg verliert, dessen ihm posthum verliehenen Orden aber im Wohnzimmer an prominenter Stelle aufhängt, erlebt den Verlust und die Trauer anders als ein Kind, dessen Vater sich im Gefängnis erhängt hat oder der wegen eines Raubüberfalls im Zuchthaus sitzt.

Auch das, was das Kind rund um das Ereignis von seinem Umfeld zu hören bekommt, hat einen erheblichen Einfluss auf seine Resilienz beziehungsweise die Möglichkeit, eine solche zu entwickeln. Ein Geschehen, das – aus welchen Gründen auch immer – verschwiegen werden muss, über das nicht gesprochen werden darf, wird zum Fremdkörper, der letztlich eine gesunde kindliche Entwicklung verhindert. Die kleine Mado zum Beispiel wurde vier Jahre lang regelmäßig von ihrem Vater sexuell missbraucht. Er hatte ihr gedroht, er werde sterben, wenn sie darüber auch nur ein Wort verlieren würde. Mado hatte mehrmals versucht, über diese Dinge zu reden, aber jedes Mal im letzten Moment doch wieder geschwiegen. Sie zog sich ganz in sich selbst zurück, ihre Schulnoten wurden immer schlechter. Was sie nicht sagen konnte, spie sie auf der Toilette aus. Um diesen »Anfällen«, die sie zutiefst abstießen, entfliehen zu können, verweigerte sie ihrem Körper die Nahrung und hörte auf zu essen. Erst als ihre Magersucht ein lebensbedrohliches Stadium erreicht hatte und sie ins Krankenhaus eingewiesen wurde, sprach sie darüber, was sie erdulden musste und was sie so sehr belastete. Und erst mit dem Moment, in dem sie anfing, ihr Leiden in Worte zu fassen, konnte Mado ihr Leben weiterführen sowie Halt und Heilung finden.

Jeder Mensch erlebt seine Dramen und Verletzungen auf eine ganz eigene und persönliche Weise. Daher ist es auch nicht möglich, die Folgen einer bestimmten Traumatisierung bei Kindern anhand eines festen Schemas vorherzusagen. Wie und ob ein Kind damit fertig wird, hängt von seinen Genen ab, von seiner Lebenssituation als Kleinkind, von den Botschaften, die es empfangen hat, den Beziehungen, die es aufgebaut hat, und dem Gefühl der Sicherheit, das es erlebt hat. Darüber hinaus spielt es eine wichtige Rolle, welche Kontakte es zu Erwachsenen hat, ob es gesund ist, wie andere auf es reagieren, wie intelligent und kreativ es ist, aber auch von dem Umfeld, in dem es lebt, davon, ob es darin seelisch gesunde Menschen gibt und welchen politischen, religiösen, sozialen und kulturellen Strömungen das Kind ausgesetzt ist.

Betrachten wir noch einmal die Geschichten aus Kapitel 1. Welche Resilienzfaktoren sind hier gegeben?

Im Falle von *Paola* waren es ganz sicher ihre körperliche Stärke und ihre schulischen Erfolge sowie ihre Fähigkeit, anderen Kindern zu helfen. Später war es die Musik, die es ihr ermöglichte, sich auszudrücken, und ihr die Bewunderung der anderen sicherte. Schließlich fand sie dank ihrer Berufung einen festen Platz in der Gesellschaft und entwickelte eine angemessene Selbstachtung.

Bei *Myriam* waren es ihr unglaublicher Optimismus und ihre ungeheure Lust am Leben. Die Begegnung mit den Krankenschwestern, die sich liebevoll um sie kümmerten, gab ihr Hoffnung und ließ sie ihre Situation mit anderen Augen sehen. Und sie erweckte den Wunsch in ihr, es zu schaffen und es allen zu zeigen! Dazu kam noch die Verantwortung für ihren kleinen Bruder.

Bei *Etienne* war es zunächst der Sport, der ihm erlaubte, sich selbst wertzuschätzen. Dann kam die Kunst, die dem jungen Mann Ausdrucksmöglichkeiten verschaffte, die er mit Worten nicht hatte.

Marcelline verfügt vermutlich über ein gutes genetisches Erbe. Und sie hatte eine gesunde Beziehung zu ihrem Vater und ihrer Mutter, bevor Letztere erkrankte. Von da an übernahm Marcelline eine außerordentliche Rolle in der Familie: Sie beschützte ihre Brüder und Schwestern und half ihnen hinaus ins Leben. In der Schule war sie gut, obwohl ihr nur wenig Zeit zum Lernen blieb.

Dank all dieser Umstände konnte sie eine hohe Wertschätzung für sich selbst entwickeln.

Bei *Sophie* waren es einmal mehr die schulischen Leistungen, die ihr zu Selbstachtung verhalfen und verhinderten, dass sie auf die schiefe Bahn geriet. Dazu kamen die Offenheit, die Geduld und die Unterstützung vonseiten ihrer Adoptivfamilie. Ihre Kreativität und innere Klarheit machen sie stark, und ihr Erfolg im Leben erlaubt ihr, mit ihrer Vergangenheit fertig zu werden und daraus letztlich für sich sogar etwas Positives zu ziehen.

Gérald pflegte positive Beziehungen zu seinen Eltern, Geschwistern und zum ganzen Dorf. Sein Vater hatte ihm immer wieder gesagt, dass er auch ohne Beine genauso ein Mensch sei wie alle anderen und dass er deshalb genauso Erfolg haben könne. Seine Liebe zum Sport, sein Mut und sein Humor haben ihm geholfen, seinen Platz im Leben zu finden, sich über sein Anderssein zu erheben und seine körperliche Beeinträchtigung als Ansporn zu verstehen.

Für *Samuel* zieht sich die Liebe seiner Mutter wie ein roter Faden durch sein Leben. Sie gab ihm stets Halt, sodass die Ungleichbehandlung und das extrem harte Leben auf dem fremden Bauernhof ihn nicht brechen konnten. Zudem hatte er die Unterstützung seines Lehrers, der seine Begabung schätzte, durch die er – das Pflegekind – sich positiv von den anderen Kindern des Dorfes abhob. Seine Wertvorstellungen und sein Glaube ließen und lassen ihn noch immer anderen Menschen helfen. Er blickt heute auf ein erfülltes Leben zurück, das er sich selbst aufgebaut hat.

3

Resilienz bei Kindern

In Wahrheit können junge Leute nicht von Bürokraten am Schreibtisch gerettet werden. Gerettet werden die jungen Menschen, jeder einzelne von ihnen, von Menschen wie dir und mir: den Eltern, den Großeltern, den Lehrern, die eine einfühlsame Liebe beweisen.

James Mason

Wie wir im vorangegangenen Kapitel gesehen haben, werden die Grundlagen für die Entwicklung von Resilienz schon im Kindesalter, vor allem in der frühen Kindheit, gelegt.

Es gibt zahllose Theorien darüber, wie sich die Lebensgeschichte eines Menschen entwickelt. Eine davon ist für uns besonders interessant: Eric Berne, der Begründer der Transaktionsanalyse, hat in diesem Zusammenhang auf die Bedeutung von sogenannten Skripten, dem »Drehbuch« für das eigene Leben, hingewiesen. Er hatte sich gefragt, wieso seine Patienten so unterschiedliche Lebensläufe hatten. In seinem Erklärungsansatz kombiniert er verschiedene Forschungsergebnisse aus der Biologie und der Psychologie: Ein Kind, das nach neun Monaten gesund zur Welt kommt und gute Gene aufweist, startet anders ins Leben als ein Kind, das zu früh geboren wird und dessen drogenabhängige Mutter beim Stillen in den ersten Tagen einen Entzug erlebt. Dieses Kind trägt sozusagen ein »schweres Erbe« mit sich.

Von Geburt an erhält das Kind von seiner Umgebung unzählige verbale und nonverbale Botschaften.

Solange es der Sprache noch nicht mächtig ist, orientiert es sich dabei am Gesichtsausdruck, den Körperbewegungen und den Gerüchen der Menschen um es herum. Sobald es selbst zu sprechen beginnt, erhält es Aufforderungen wie:

- »Geh mir nicht auf die Nerven.«
- »Lass deine Schwester in Ruhe.«
- »Du tust, was ich dir sage, und zwar sofort.«
- »Mach schneller!«

In der Regel gehen diese Appelle mit nonverbalen Botschaften wie gerunzelten Augenbrauen, einem erhobenen Zeigefinger und manchmal sogar Schlägen einher.

Es gibt aber auch positive Botschaften wie:

- »Ich höre dich so gern singen.«
- »Das hast du gut gemacht.«

Diese sind gewöhnlich von einem Lächeln und Zärtlichkeiten begleitet.

Darüber hinaus hört das Kind, was es angeblich ist oder nicht ist:

- Du bist ein Nichts.
- Du bist mein Lieblingskind.
- Du bist so ungeschickt.
- Du zeichnest aber gut.

Diese Botschaften können auch auf indirektem Weg vermittelt werden, beispielsweise wenn das Kind hört, wie die Eltern mit anderen über es sprechen:

- »Er macht uns richtig Sorgen. Er ist so kränklich.«
- »Unser Jüngster ist ein Sensibelchen. Bei jeder Kleinigkeit fängt er sofort an zu weinen.«
- »Sie tut sich so leicht in der Schule, ganz im Gegensatz zu ihrer Schwester.«

Eric Berne hat auf die Bedeutung hingewiesen, die Traumata und wiederholte Ereignisse bei der Erstellung des eigenen »Lebensdrehbuches« haben.

Kinder treffen grundlegende Entscheidungen nicht selten als Reaktion auf ein einzelnes hoch traumatisches Ereignis wie die frühe Trennung von der Mutter, eine sexuelle Aggression oder einmalige Gewalterfahrungen, z. B. in Flüchtlingslagern oder im Krieg.

Eine weitere interessante Theorie Bernes ist das »Gegenskript«. Dabei geht es um die Entscheidungen, die ein Kind trifft, um den Ge- und Verboten seiner Eltern oder anderer Autoritätspersonen in seinem Leben gerecht zu werden. Diese Entscheidungen betreffen Vorstellungen und Ideen über sich selbst, andere Menschen und die Welt, zum Beispiel das Konzept von richtig und falsch.

Meist nutzt das Kind sein Gegenskript positiv, um ein Leben in Harmonie mit seinen Mitmenschen zu führen. In diesem Gegenskript sind fünf »Antreiber« besonders wichtig. Sie werden so genannt, weil das Kind sich verpflichtet fühlt, ihnen zu gehorchen. Es glaubt, dass es von den anderen und der Gesellschaft im Allgemeinen akzeptiert wird, solange es diesen Grundgeboten gehorcht. Diese lauten: *Sei perfekt. Sei stark. Streng dich an. Mach's mir recht. Beeil dich.*

Bei resilienten Kindern sind Verhaltensweisen, die sich auf diese Botschaften gründen, besonders ausgeprägt. Dazu gehören z. B. das Streben nach Perfektion und der Wunsch, alles allein zu können oder es den anderen immer recht zu machen.

Zwei der engsten Mitarbeiter von Eric Berne, Robert und Mary Goulding, haben zwölf Themenkreise erarbeitet, um die sich die grundlegenden Entscheidungen bei Kindern häufig drehen. Diese Themen werden entweder als Verbot oder als Erlaubnis verinnerlicht, je nachdem, was dem Kind von seiner Umwelt vermittelt wird:

- *»Du hast das Recht zu existieren«* oder *»Sei nicht«.*
- *»Du hast das Recht, du selbst zu sein«* oder *»Sei nicht du selbst«.*
- *»Du hast das Recht, erwachsen zu werden«* oder *»Werde nicht erwachsen«.*
- *»Du hast das Recht, Kind zu sein«* oder *»Sei kein Kind«.*
- *»Du hast das Recht, Erfolg zu haben«* oder *»Habe keinen Erfolg«.*
- *»Du hast das Recht, etwas zu wagen und Entdeckungen zu machen«* oder *»Tu nichts«.*
- *»Du bist wichtig«* oder *»Sei nicht wichtig«.*
- *»Du hast das Recht dazuzugehören«* *(zu deiner Familie, deiner Gemeinschaft etc.)* oder *»Gehöre nicht dazu«.*

- *»Du hast das Recht, zu anderen emotionale oder körperliche Nähe aufzubauen«* oder *»Lass dich nicht auf andere ein«.*
- *»Du hast das Recht, körperlich und seelisch gesund zu sein«* oder *»Sei nicht gesund«* *(körperlich oder seelisch).*
- *»Du hast das Recht zu denken«* oder *»Denk nicht«.*
- *»Du hast das Recht zu fühlen«* oder *»Fühle nicht«.*

Ein Kind empfängt aus seinem Umfeld unzählige Botschaften. Je nach Veranlagung und Temperament wird es darauf auf seine ganz spezielle Weise reagieren. Darin zeigt sich sein ureigenstes Selbst. Es wird einige der Botschaften akzeptieren und einige zurückweisen, einen Teil herausgreifen und einen anderen ignorieren. Mitunter widersprechen sich die Botschaften auch, die das Kind von seinen Bezugspersonen vermittelt bekommt.

Gerade bei dem, was Myriam Cardinaux erlebt hat, fragt man sich unwillkürlich, wie sie die extrem negativen Botschaften ihrer Mutter verarbeitet und trotzdem überlebt hat. Da ist zum einen das Schweigen des Vaters, das schon von einem anderen Blick auf die Dinge kündet, als ihn die Mutter hat. Und dann ist da natürlich die Großmutter, bei der sie auflebt und die ihr sowohl positive verbale als auch nonverbale (z. B. in Form von Leckereien, die sie für die Enkelin zubereitet) Signale übermittelt.

Und schließlich wären da noch der Lehrer, die Ärzte und Krankenschwestern, der Pfarrer, seine Frau sowie der kleine François, der »gemeinsam mit der Schule und der freien Natur ein Gegengewicht gegen den Mangel an Liebe und das Gefühl der Verunsicherung bildete, das mich zu Hause quälte«, wie Myriam Cardinaux in ihrem Buch schreibt.

Natürlich ist ein Kind kein unbeschriebenes Blatt, auf dem man beliebig Botschaften hinterlassen kann, oder ein Tonklumpen, den es zu formen gilt. Vielmehr läuft vom Augenblick seiner Geburt an ein Prozess der Interaktion mit der Umwelt ab. Ein Kind, das den Erwachsenen zulächelt, das »lieb« ist und sich nicht offen widersetzt, erhält von den Erwachsenen in seiner Umgebung mehr Aufmerksamkeit und mehr anerkennende Rückmeldungen, auf die es seine Selbstachtung gründen kann. Diese höhere Wertschätzung seiner selbst führt meist auch zu besseren Schulnoten. Die damit erworbene Kompetenz ruft wieder bestätigende Reaktionen hervor, und so setzt eine positive Rückkopplungsschleife ein, die das Kind stärkt. Umgekehrt funktioniert das natürlich genauso. Doch neben den verbalen und nonverbalen Botschaften der Erwachsenen in seiner Umgebung wirkt auch das kulturelle und religiöse Umfeld prägend auf das Kind sowie die Tatsache, ob es in Kriegs- oder Friedenszeiten heranwächst. Auch die An- bzw. Abwesenheit kompetenter Erwachsener, die wirtschaftliche Lage der Familie sowie gesundheitliche Aspekte beeinflussen die Entwicklung von Resilienz.

Ebendiesen Aspekt unterstreicht Boris Cyrulnik in seinem Buch *Die Kraft, die im Unglück liegt. Von unserer Fähigkeit, am Leid zu wachsen,* wenn er schreibt: »Die Erwachsenen, denen es am schlechtesten ging, hatten als Kinder entweder unter Geisteskrankheiten gelitten oder waren von ihren Eltern misshandelt worden. Und weil sie sich vermutlich schon viel zu früh für die Erwachsenen verantwortlich gefühlt haben, von denen sie verletzt worden sind, ist es ihnen auch nicht gelungen, einen affektiven Ersatz zu finden.«

Die Entwicklung der Resilienz beim Kind lässt sich also vergleichen mit einem Tuch, das aus vielen verschiedenen Fäden gewebt ist. Manche Fäden haben mit seiner inneren Entwicklung zu tun, manche mit den Botschaften aus seinem Umfeld – und manche werden davon bestimmt, wie das

Kind diese beiden Aspekte mit dem Blick der anderen auf sein Dasein verknüpft und welche Schlussfolgerungen es daraus zieht.

Viele resiliente Kinder haben von ihrer Umwelt positive Botschaften erhalten, die ihnen geholfen haben, auch schwierige Zeiten zu überstehen.

Anne Frank zum Beispiel wuchs in einem Milieu auf, in dem sie intellektuell gefördert wurde und bestärkende Botschaften erhielt. Sie konnte gut schreiben und fand Vergnügen an dieser Beschäftigung. Dadurch war sie im Einklang mit sich selbst. Francine Christophe beschreibt in ihren Kindheitserinnerungen die Wärme in ihrem Elternhaus, die Zuneigung, die dort herrschte, die Feste, die gefeiert wurden, und nicht zuletzt die Botschaften, die sie dort erhielt: Stark und stolz sollte sie sein. »Ich übe mich im aufrechten Gang. Das hat Mama mir gesagt. Da ich Jüdin bin, werde ich dies mit einem Lächeln tun, ohne zu zittern.« Da war sie gerade einmal achteinhalb Jahre alt.

Aufgrund dieser Botschaften und der tiefen Verbundenheit mit ihrer Mutter schafft Francine Christophe es, die Schrecken der NS-Zeit zu überstehen, die sie bis zu ihrer Befreiung aus dem Konzentrationslager Bergen-Belsen 1945 erleben muss.

Resilienz kann man lernen

Resilienz beruht also sowohl auf inneren Faktoren, wie der Reaktion des Kindes auf die verbalen und nonverbalen Botschaften seiner Umwelt, als auch auf äußeren Faktoren, z. B. der Gegenwart von Erwachsenen, die sich um das Kind kümmern.

Forschungsarbeiten auf diesem Gebiet zeigen eindeutig, dass resilientem Handeln bestimmte Kompetenzen und klar erkennbare Verhaltensweisen zugrunde liegen.

Da jede Verhaltensweise gelehrt, veranschaulicht und gelernt werden kann, hat das Psychologen-Ehepaar Wolin in den USA das *Project Resilience* begründet, eine private Initiative, die sich zum Ziel gesetzt hat, Resilienz bei Kindern und Jugendlichen aus schwierigen Familien zu fördern. Die Ausbildung dort steht Lehrern, Erziehern und Sozialarbeitern offen, die mit diesem Thema unmittelbar konfrontiert sind.

Jeder Mensch wird mit der Fähigkeit zur Resilienz geboren, denn der Impuls, zu wachsen und sich zu entwickeln, ist ein Urtrieb, der uns allen gemeinsam ist. Und die Schule ist gerade für Kinder, die in einem schwierigen häuslichen Umfeld leben, ein extrem wichtiger Ort, an dem ihre Resilienz aufgebaut und gefördert werden kann.

Wie man Resilienz bei Kindern fördert

Die besten Voraussetzungen für eine große psychische Widerstandskraft bei Kindern schafft man, indem man ihnen erlaubt, folgende Fähigkeiten zu entwickeln:

- *Soziale Kompetenz:* Dabei geht es um die Fähigkeit, mit anderen zu interagieren, sie »auf die eigene Seite« zu ziehen, flexibel zu sein, von einer Kultur in eine andere wechseln zu können. Auch die Fähigkeit, sich in den anderen hineinzuversetzen und Mitgefühl zu entwickeln, spielt hier eine wichtige Rolle.

- *Kommunikationsfähigkeit:* Dazu gehört einerseits die Fähigkeit, Botschaften klar zu formulieren und richtig zu interpretieren, andererseits die Bereitschaft, zuzuhören und das Gehörte anzunehmen.

- *Die Fähigkeit zur Problemlösung:* Probleme selbst lösen bzw. andere um Hilfe bitten zu können ist damit ebenso gemeint wie die Gabe, sich realistische Ziele zu setzen.

- *Die Fähigkeit, die Realität bewusst wahrzunehmen:* Verfügt das Kind über diese Fähigkeit, versteht es, woher sein Problem rührt, und erkennt, wie es sich davon befreien kann (egal, ob es dabei um Eltern mit einem Alkoholproblem oder ein rassistisches Umfeld geht).

- *Selbstständigkeit:* Diese erlaubt dem Kind, eine eigene Identität zu entwickeln, indem es selbstständig mit Situationen fertig wird und lernt, Verantwortung für die Dinge zu übernehmen, die es selbst beeinflussen kann. (Das ist das Gegenteil von Opfermentalität, bei der die Betroffenen sich auch für Dinge verantwortlich fühlen, auf die sie keinen Einfluss haben.) So ist es in der Lage, negative Botschaften im Hinblick auf sich selbst abzulehnen und nur das anzunehmen, was positiv ist und sein Wachstum fördert.

- *Die Fähigkeit, an eine positive Zukunft zu glauben:* Hier sind Beharrlichkeit, Optimismus und die Gabe, dem Leben eine spirituelle Dimension zu verleihen, gefragt.

Das *Project Resilience* möchte dazu beitragen, die oben genannten Fähigkeiten bei Kindern zu wecken und sie darin zu bestärken. Wie aber sieht das in der Praxis aus? Wissenschaftliche Studien haben drei begünstigende Faktoren ausgemacht.

Die Anwesenheit von Menschen, die sich um das Wohlbefinden des Kindes kümmern

Wenn zumindest ein Mensch da ist, der dem Kind Mitgefühl entgegenbringt, der akzeptiert, dass es angesichts seiner Lebensumstände sein Bestes tut, auch wenn es sich merkwürdig verhält, fördert das die Resilienz des Kindes. Neben Familienmitgliedern und anderen Personen aus dem näheren Umfeld des Kindes übernehmen häufig Lehrer diese Rolle als positives Vorbild.

Zudem kann die Schule zu einem Ort werden, an dem sich positive Bindungen zwischen Schülern und Lehrern, Schülern und Schülern sowie Lehrern und Eltern entwickeln. Dabei geht es nicht darum, neue Programme oder Strategien einzuführen, sondern darum zu lernen, Beziehungen so aufzubauen oder zu verändern, dass sie von gegenseitiger Achtung, Verständnis, Mitgefühl und Aufmerksamkeit geprägt sind.

Eliane ist Hebamme und hat an einem unserer Kurse teilgenommen. Sie hat uns folgende Geschichte erzählt, die diesen Punkt verdeutlicht:

Ihre Eltern waren Bauern und arbeiteten schwer auf ihrem kleinen Hof tief im Herzen Frankreichs. Sie hatte drei ältere Brüder, und eigentlich hatten ihre Eltern kein weiteres Kind geplant. Entsprechend fühlte sich Eliane in der Familie häufig überflüssig. Zudem litt ihre Mutter offensichtlich unter ihrem Frausein und sagte immer wieder zu der Kleinen: »Es ist nicht schön, ein Mädchen zu sein. Das Leben für Frauen ist hart!«

Natürlich hatte niemand je Zeit, sich mit dem Kind zu beschäftigen, bevor es in die Schule kam. Niemand hatte ihr Geschichten vorgelesen oder sie malen lassen. Als Eliane am ersten Schultag das Klassenzimmer betrat, hatte sie Angst. Sie setzte sich in die letzte Reihe und ließ die langen Stunden des Unterrichts unbeteiligt an sich vorüberziehen. Sie erinnert sich heute noch, dass sie sich in den ersten Jahren einfach unglaublich langweilte und viel lieber draußen auf den Feldern gespielt hätte.

Dementsprechend schlecht war sie in der Schule, doch das machte ihr niemand zum Vorwurf. Wenn sie ihr Zeugnis nach Hause brachte, zuckte ihre Mutter mit den Schultern, und das war's.

Ihr Lehrer, der mehrere Klassen zu unterrichten hatte, interessierte sich kein bisschen für Eliane. Kein Wunder also, dass sie schon die zweite Klasse wiederholen musste. Doch als die Schule im Herbst wieder losging, erwartete Eliane eine große Überraschung: Der alte Lehrer war krank geworden und statt seiner saß eine junge Lehrerin am Pult, die gerade ihr Examen gemacht hatte.

Eliane setzte sich wieder ganz nach hinten und

wollte weitermachen wie bisher, doch am Ende des ersten Schultages bat die Lehrerin sie, noch eine Minute dazubleiben, um mit ihr reden zu können. Sie sagte dem Mädchen, dass sie sich deren Zeugnisse angesehen und sie den ganzen Vormittag über beobachtet habe. Sie sei sicher, dass Eliane das besser könne. Schließlich habe sie so intelligente Augen. Sie würde ihr helfen, das Versäumte aufzuholen. Und sie würde Eliane in die erste Reihe setzen, direkt vor ihr Pult.

Eliane war baff. Sie lief eiligst nach Hause und zog sich dort ins Schlafzimmer ihrer Eltern zurück, an den einzigen Ort, an dem es einen Spiegel gab. Sie stellte sich davor und betrachtete eine ganze Weile ihre Augen: Intelligent seien diese, hatte sie eben gehört. Eliane stellte sich vor den Spiegel und sagte sich das immer wieder vor.

Von diesem Tag an wurden die junge Lehrerin und Eliane Verbündete, was zur Folge hatte, dass Elianes Zensuren sich in kurzer Zeit deutlich verbesserten. Bald war die Schule für sie ein Ort der Wunder, an dem sie in jeder Hinsicht brillieren konnte.

Sie wurde eine glänzende Schülerin, legte ein hervorragendes Abitur mit naturwissenschaftlichem Schwerpunkt ab und ging dann auf die Hebammenschule. Sie wollte Frauen helfen, den Zeitpunkt ihrer Schwangerschaft nach ihren eigenen Wünschen zu wählen, damit ihre Kinder den bestmöglichen Start ins Leben bekommen.

Eliane sagt heute noch, dass sie ihren beruflichen Erfolg und ihr glückliches Leben einzig dieser jungen Lehrerin verdankt, die in ihr den Wunsch nach Wachstum erkannt hatte und ihr die nötige Unterstützung zuteilwerden ließ.

Die Geschichte von Eliane wäre auch ein schönes Beispiel für den folgenden Punkt, der Kindern hilft, Resilienz zu entwickeln:

Ein Mensch, der positive Erwartungen an das Kind hegt

Wenn ein Lehrer einem Kind vermittelt, dass es ein bestimmtes Niveau erreichen kann und die erforderlichen Fähigkeiten besitzt, gibt er ihm einen Grund, an sich selbst zu glauben. Auf diese Weise beginnen auch Kinder, die sich bis dahin für dumm hielten, mit denen sich die Eltern nicht beschäftigt haben und die misshandelt wurden, Selbstvertrauen und Selbstachtung zu entwickeln. Als hätte der Lehrer zu ihnen gesagt: »Gut, du hast schlimme Dinge erlebt. Du hattest Schwierigkeiten, aber du hast unglaubliche Ressourcen in dir, von denen du vermutlich gar nichts weißt. Ich weiß, dass diese da sind, und ich werde dir helfen, sie ans Licht zu bringen.«

Darüber hinaus gibt es noch einen anderen Faktor, der enormen Einfluss entwickeln kann:

Möglichkeiten, aktiv zu werden

Wenn ein Kind, das gelitten hat, plötzlich aktiv werden kann, wenn es teilhaben und kreativ sein kann, steigt seine Selbstachtung. In seinem Buch *Die Kraft, die im Unglück liegt: Von unserer Fähigkeit, am Leid zu wachsen* schreibt Boris Cyrulnik: »Wenn wir diesen Kindern mit ihren Verletzungen helfen wollen, müssen wir dafür sorgen, dass sie aktiv werden, und dürfen sie nicht überfüttern. Man hilft ihnen nicht, indem man ihnen mehr gibt, sondern ganz im Gegenteil dadurch, dass man ihnen mehr abverlangt, denn nur so stärkt man sie. Wir stärken sie, indem wir etwas von ihnen verlangen.«

In all unseren Resilienz-Geschichten ist dieser Faktor klar zu erkennen: Der Wunsch zu handeln, etwas zu tun, wird zur treibenden Kraft des Überlebens.

Myriam Cardinaux schreibt dazu: »Einen Großteil meiner Energie setzte ich dafür ein, meinem kleinen Bruder dieses gewaltsame Umfeld zu ersparen. Ich habe nie in seiner Gegenwart geweint ... In meinen Augen war es meine Pflicht, ihn um jeden Preis zu beschützen.«

Und es gibt viele Möglichkeiten, etwas zu tun: Das misshandelte Kind kann sein Leiden künstlerisch ausdrücken. Es kann schreiben oder singen (wie die Chansonsängerin Barbara, die ihre Kindheit während der Nazi-Besatzung in ihren Liedern verarbeitete). Oder es kann sich in Projekten engagieren, welche die Welt zu einem besseren Ort machen wollen. Wichtig ist, dass es »aktiv« wird.

Hilfe für traumatisierte, zutiefst verwundete Kinder sollte sich also auf drei Grundpfeiler stützen:

1. Die Präsenz von kompetenten Erwachsenen, die zuhören können, die sich um das Kind kümmern und es auf geeignete Weise unterstützen.
2. Positive Erwartungen an das Kind.
3. Die Einladung an das Kind, aktiv zu werden und sein Leben selbst zu gestalten, anstatt sich darauf zu beschränken, Hilfe in Anspruch zu nehmen.

4

Resilienz bei Erwachsenen

Man macht dann guten Gebrauch vom eigenen Leid, wenn man darin einen Sinn für sich entdeckt, seine verborgenen Wurzeln freilegt und es durch innere Arbeit an sich selbst bekämpft, die jegliche Illusion in Bezug darauf zerstört. Wenn wir dann immer noch leiden, müssen wir es zum Instrument des Wandels machen.

Bernard Besret

Aktuell beschäftigt sich eine Reihe von Wissenschaftlern mit der Resilienz bei Kindern, sei es nun im Bereich der Pädagogik, der Sozialarbeit oder der Psychologie. Wie wir im vorangegangenen Kapitel gesehen haben, ermöglicht eine genaue Kenntnis dieses Phänomens einen besseren Zugang zu Kindern und Jugendlichen aus schwierigen Verhältnissen.

Doch nicht nur der Start ins Leben kann schwierig sein, auch in späteren Jahren treffen uns Krisen.

Die Art und Weise, wie ein erwachsener Mensch mit den Problemen fertig wird, die das Leben für ihn bereithält, hängt größtenteils davon ab, welche Botschaften er als Kind empfangen hat und wie diese sich auf das Drehbuch seines Lebens ausgewirkt haben. Auch auf diesem Gebiet verdanken wir der Wissenschaft einige wichtige Erkenntnisse. In erster Linie sind hier Langzeitstudien mit Vietnam-Veteranen und ehemaligen Kriegsgefangenen zu nennen, die versuchen, mit ihren extrem belastenden Erfahrungen fertig zu werden und in ihrem Leben wieder Fuß zu fassen.

Ob es sich um einen Verlust, körperliche und seelische Misshandlung oder eine schwere Krankheit handelt: Manche Menschen können deutlich besser mit solchen Krisen umgehen als andere und im besten Fall am Ende sogar etwas Gutes daraus ziehen. Aus ihren Geschichten lassen sich einige allgemeingültige Erkenntnisse ableiten.

Die fünf Charakteristika resilienter Erwachsener nach Dr. Julius Segal

Der Psychologe Dr. Julius Segal war 30 Jahre lang am US-amerikanischen National Institute of Mental Health tätig. Dort begann er in den 1950er-

Jahren ehemalige Kriegsgefangene sowie Überlebende von Konzentrationslagern und Geiselnahmen zu untersuchen. Diese Forschungen dehnte er nach und nach auch auf andere Menschen aus, die Extremerfahrungen gemacht hatten. Dabei kristallisierten sich fünf Merkmale heraus, über die ausnahmslos jeder der resilienten Studienteilnehmer verfügte, wenn auch in unterschiedlichem Ausmaß.

Wir hatten ausreichend Gelegenheit, die Thesen, die Segal in seinem Buch *Winning Life's Toughest Battles* (Die schwierigsten Schlachten des Lebens gewinnen) darlegt, anhand der Menschen zu überprüfen, die wir selbst durch schwierige Zeiten begleitet haben.

Letztlich hat jeder von uns mehrfach in seinem Leben große Herausforderungen zu bestehen. Aus diesem Grund haben wir eine Anleitung zur Förderung von Resilienz bei Erwachsenen erarbeitet, die auf den fünf Charakteristika nach Segal basiert.

Kommunikation

Die Kommunikation ist das Band, das uns mit anderen Menschen verbindet und einen wechselseitigen Austausch ermöglicht. Mit ihrer Hilfe können wir sowohl anderen Mut machen als auch selbst ermutigende Botschaften empfangen und uns leichter von bedrückenden Gedanken befreien.

Doch gerade in schlimmen Zeiten fällt es uns oftmals schwer, über das zu sprechen, was uns widerfährt. Wir fühlen uns isoliert, unverstanden und meinen häufig, die anderen könnten gar nicht begreifen, was in uns vorgeht. Dann genügt schon eine ungeschickte Bemerkung oder unbewusste Zurückweisung, damit wir uns wie eine Muschel verschließen. Manche Menschen verhalten sich so unsensibel, dass wir nach einer Begegnung mit ihnen am liebsten der ganzen Welt aus dem Weg gehen würden. Myriam Imena, die in ihrem Buch *Ma vie sur un fil* (Mein Leben am seidenen Faden) von ihrem Kampf gegen den Krebs berichtet, erinnert sich an die Reaktion einer Kollegin, als sie ihr von ihrer Erkrankung erzählte: »Was?! Krebs! Du Ärmste, das ist ja tragisch. Ach, hättest du mir das doch nicht erzählt.«

Kommunikation ist also ein zweischneidiges Schwert, und doch ist sie unverzichtbar: Ob nun mit Worten, Gesten, in Schriftform oder als Kunstwerk – sie erlaubt uns, Erlebtes auszudrücken, dem Geschehen einen Sinn zu geben und wieder nach vorn zu schauen.

Myriam Imena schreibt auch: »Jetzt, wo ich diese verborgene Wirklichkeit in Worte gekleidet habe, diese Gefühle, die an mir nagen, diese alles durchdringende Angst, diese zerstörerischen Gedanken, jetzt, wo der Feind demaskiert ist, habe ich keine Angst mehr. Ich habe vielmehr meinen Mut wiedergefunden.« Das in Worte zu fassen, was man empfindet, hat eine heilende Wirkung. Für viele ist es enorm hilfreich, mit der Welt und anderen Menschen in Kontakt bleiben zu können.

Dr. Sheila Cassidy, die in Chile unter dem Pinochet-Regime Folter erleiden musste, weil sie einen Revolutionär medizinisch versorgt hatte, beschreibt eindringlich, wie wichtig die Kommunikation mit den anderen Gefangenen für sie war. Sie erzählt in ihrem Buch *Audacity to Believe* (Der Mut zu glauben) von ihrer 19-jährigen Zellengenossin Francisca, die ein paar Tage vor ihr gefoltert worden war und die sich, als die Reihe an ihr war, aufopferungsvoll um sie kümmerte. Sheila Cassidy meint, sie hätte nie überlebt, wenn es diesen intensiven Zusammenhalt mit den anderen nicht gegeben hätte.

Julius Segal hat mit Kriegsgefangenen gearbeitet, welche die Kraft zum Widerstand aus winzigen Botschaften zogen, die sie von ihren Mitgefangenen erhielten, z. B. auf Klopapier oder in Form von Morsesignalen, die mithilfe der Abflussrohre weitergeleitet wurden.

Ein Ehepaar, das zwei Kinder durch eine Erbkrankheit verloren hat und dessen drittes Kind ebenfalls krank ist, berichtet, es hätte die vergangenen Jahre nur überstanden, weil es sich intensiv mit den Eltern anderer Betroffener austauschen konnte, die dasselbe durchgemacht und eine Selbsthilfeorganisation gegründet haben.

Das Gespräch mit anderen spielt auch bei Opfern sexuellen Missbrauchs, Ehepartnern von Alkoholikern oder Trauernden eine wesentliche Rolle bei der Traumabewältigung. Immer wieder wird in diesem Zusammenhang auf die Bedeutung von Selbsthilfegruppen hingewiesen.

Der amerikanische Psychologe James Pennebaker veröffentlichte eine Studie, an der 2000 Personen teilgenommen hatten, die Vergewaltigung, Misshandlung, den Tod von nahestehenden Menschen oder Aggressionen erlebt hatten. Dabei fand er heraus, dass diejenigen Betroffenen, die sich jemandem anvertrauen konnten, seelisch und geistig gesünder waren als andere, die mit niemandem über ihre Erfahrungen sprechen konnten und in der Folge häufig krank wurden.

Diese Resultate werden durch andere Forschungsergebnisse gestützt: *Die Fähigkeit zur Kommunikation ist eines jener Charakteristika, das Erwachsene zeigen, die sich als resilient erwiesen haben.*

Die Fähigkeit, sein Leben selbst in die Hand zu nehmen

Wenn man eine schwierige Herausforderung zu bestehen hat, wird das Leben unweigerlich chaotisch. Plötzlich ergibt nichts mehr Sinn, nichts scheint mehr »normal« zu sein. Man glaubt, verrückt zu werden. Resiliente Menschen berichten durchweg, sie hätten in dieser Situation das Bedürfnis empfunden, ihr Leben wieder in Ordnung zu bringen, in geregelte Bahnen zu lenken, um wenigstens das Gefühl zu haben, sie hätten die Dinge im Griff.

In den NS-Konzentrationslagern beispielsweise bewahrten praktizierende Juden ihre geistige Gesundheit, indem sie weiterhin ihre religiösen Riten durchführten.

Die Pianistin Maïte Girtaner, die als Mitglied der Résistance von den Nazis verhaftet und gefoltert worden war und wunderbarerweise überlebte, erzählte in einem ihr gewidmeten Dokumentarfilm im Fernsehen, wie sie mit ihren Mithäftlingen jeden Tag einen ganz besonderen Moment beging: das gemeinsame Gebet um 16 Uhr. Sie beteten täglich, und sei es auf dem Betonboden einer Zelle liegend.

Sheila Cassidy berichtet, dass Francisca, die sich zu einer Art Führerin der kleinen Gefangenengruppe entwickelt hatte, darauf bestand, dass eine gewisse persönliche Disziplin eingehalten wurde, damit die Frauen körperlich und geistig fit blieben. Dazu gehörte beispielsweise, tagsüber nicht zu schlafen, um nachts Schlaf finden zu können. Denn Francisca hatte bemerkt, dass fehlender Nachtschlaf Angstzustände und Depressionen hervorruft.

Und so rezitierten die Gefangenen der DINA, der gefürchteten Geheimpolizei Pinochets, tagsüber Gedichte oder erzählten sich von Filmen, die sie gesehen hatten, um die Zeit besser zu strukturieren.

Alles, was uns das Gefühl vermittelt, den Umständen nicht vollkommen tatenlos ausgeliefert zu sein, erlaubt uns, schwierige Situationen besser zu überstehen.

Die Initiative ergreifen, selbst etwas tun: Das ist das beste Mittel gegen die Ohnmacht des Opfers. John Limbert gehörte zu den Geiseln, die von 1979 bis 1981 in der amerikanischen Botschaft in Teheran gefangen gehalten wurden. Er hatte für das Überleben dort folgende Strategie entwickelt: Jedes Mal, wenn seine Kerkermeister sein Zimmer betraten, bat er sie, sich zu setzen. Als eines Tages eine ausländische Delegation kam, bewirtete er sie sogar mit einigen Leckereien, die von Weihnachten übrig geblieben waren. Er stellte sich auf den Standpunkt: Wer immer sein Zimmer betrat, war sein Gast und er der Gastgeber. Auf diese Weise behielt er eine gewisse Kontrolle über seine Lebensumstände.

Das Gefühl, seine Situation selbst gestalten, die Initiative ergreifen zu können, ist ein Schlüsselelement beim Umgang mit Problemen.

Andere Forschungsarbeiten beschäftigen sich mit Führungskräften in verantwortungsvoller Position. Dabei zeigte sich, dass diejenigen Teilnehmer am besten mit berufsbedingtem Stress fertig wurden, die Mittel und Wege fanden, selbst initiativ zu werden, und die Gewissheit hatten, ihre Ziele erreichen zu können. Die Forscher Suzanne Kobasa und Salvatore Maddi entwickelten dafür den Begriff »Hardiness« (Widerstandsfähigkeit).

Diese Erkenntnisse sind vor allem für jene von Bedeutung, die mit kranken Menschen arbeiten. Denn wenn man einem Patienten die Möglichkeit nimmt, selbst über sich zu bestimmen – beispielsweise seine Zeit einzuteilen oder zwischen verschiedenen Alternativen zu wählen –, schüttet dessen Körper vermehrt Kortisol aus, ein Stresshormon, das sich vor allem bei depressiven Menschen in hohen Konzentrationen findet.

Zahlreiche Beispiele belegen, dass Eigeninitiative wie z. B. der Einsatz für das Wohlbefinden anderer ein guter Tröster sein kann.

Candy Lightner, die Mutter eines 13-jährigen Mädchens, das von einem betrunkenen Autofahrer getötet worden war, gründete in den 1980er-Jahren in den USA eine Organisation, die mittlerweile mehr als 600000 Mitglieder in 47 Ländern umfasst: MADD – Mothers Against Drunk Driving (Mütter gegen Trunkenheit am Steuer). Indem sie aktiv wurde, konnte sie ihre Trauer überwinden.

Die Initiative zu ergreifen, das zu verändern, was verändert werden kann, wieder Ordnung ins Chaos bringen – und sei es nur bei einigen kleinen, einfachen Dingen – ist der zweite entscheidende Faktor in Zusammenhang mit Resilienz.

Das Wissen, schuldlos an den Ereignissen zu sein

Wenn die Prüfung da ist und das Unglück an die Tür klopft, ist es manchmal schwierig, sich nicht schuldig zu fühlen.

Wir haben mehrfach von unseren Klienten gehört, dass z.B. Eltern, die ein Kind verloren haben, anonyme Anrufe erhielten, in denen man ihnen sagte, sie hätten es nicht besser verdient. Die abgrundtiefe Bosheit, die hinter solchen Angriffen steckt, war uns ein Rätsel. Wie kann man nur

Menschen, die so unvorstellbares Leid erleben, mit solcher Niedertracht begegnen?

Derselbe Mangel an Empathie lässt Menschen zu einer Frau, die vergewaltigt wurde, sagen: »Das musste ja mal passieren, wo du immer diese kurzen Röcke trägst!«

Und so kann es mitten in der schlimmsten Zeit unseres Lebens geschehen, dass wir auf einmal Schuldgefühle entwickeln. Doch das dritte Charakteristikum, das resiliente Menschen auszeichnet, ist die Fähigkeit, solchen Schuldzuweisungen kein Gehör zu schenken und ihr Gewissen nicht damit zu belasten.

Natürlich muss jeder von uns Verantwortung für sein Tun übernehmen, für seine Fehler einstehen und sie nach Möglichkeit wiedergutmachen. Doch ebenso wichtig ist es, zu erkennen, wo diese persönliche Verantwortung endet.

Unsere Gesellschaft neigt bedauerlicherweise dazu, den Opfern die Schuld für ihr Unglück zu geben. Dabei handelt es sich im Grunde um eine Strategie des Selbstschutzes. Wenn wir glauben können, dass es für das Leid einer Person Gründe gibt, die diese selbst zu verantworten hat, dann heißt das im Umkehrschluss, dass mir, solange ich »gut« oder »brav« bin, so etwas Schreckliches nicht passieren kann.

Diese Einstellung ist in uns allen angelegt, selbst wenn wir uns ihrer meist nicht bewusst sind. Es handelt sich dabei um eine Art Selbstverteidigung. Indem wir jene zurückweisen, die eine Krise erleben, versuchen wir unbewusst, uns selbst vor dem Unglück zu bewahren, das sie getroffen hat.

Myriam Imena erzählt in ihrem Buch *Ma vie sur un fil* (Mein Leben am seidenen Faden) von einer Kollegin, der sie von ihrer Krebserkrankung erzählt hatte: »Du musst das positiv sehen, meine Liebe! So schlimm ist das gar nicht! Es geht dir sicher bald besser! Ruf mich an, sobald du wieder fit bist.« Dahinter verbirgt sich die Botschaft: »Du bist für deine Probleme selbst verantwortlich, also muss ich dir nicht helfen.«

Wissenschaftliche Studien zeigen, dass Schuldgefühle schwerwiegende Konsequenzen haben: Sie verbrauchen Lebensenergie, ersticken die Hoffnung und lähmen die Fähigkeit des Organismus, sich gegen Eindringlinge wie Viren und Bakterien zu wehren.

Aus diesem Grund gehört die Fähigkeit, keine ungerechtfertigten Schuldgefühle zu entwickeln, ob sie nun offen oder versteckt an den Betroffenen herangetragen werden, zu den Grundpfeilern der Resilienz.

Eine feste Überzeugung

Was immer auch über Resilienz in schwierigen Lebenssituationen geschrieben wurde, belegt eines ganz deutlich: Menschen, die diese Herausforderungen gemeistert haben, waren gewöhnlich überzeugt davon, dass ihr Leiden nicht sinnlos oder ohne Grund war.

Der Psychiater Viktor Frankl war selbst Gefangener in den Konzentrationslagern Auschwitz und Dachau. Er hat viel zu dieser Thematik geschrieben.

Ein Mensch, der kein Ziel hat,
überlebt im Allgemeinen nicht.

Frankl geht davon aus, dass der Mensch fast jedes *Wie* überleben kann, wenn er um das *Warum* weiß. Für ihn ist die Suche nach Sinn die wichtigste Kraft im Leben.

Und der große Schweizer Psychiater Carl Gustav Jung schrieb, dass es viele, möglicherweise alle Dinge erträglich macht, wenn wir einen Sinn darin sehen können.

Martin Gray hat wirklich schreckliche Dinge erlebt. Nachdem er seine gesamte Familie in den Konzentrationslagern verloren hatte, ging er nach seiner Befreiung nach Amerika und gründete dort eine neue Familie, nur um diese später bei einem Waldbrand zu verlieren. In seinem Buch *Der Schrei nach Leben* schreibt er: »Ich bin fähig, meinem Leben einen Sinn zu geben und ›aufrecht‹ zu leben, dem Verschleiß durch das Leben etwas entgegenzusetzen, der Zerbrechlichkeit der Existenz, denn ich weiß, dass der Mensch mit anderen Menschen verknüpft ist. Er ist kein Körnchen ohne Verbindung zu anderen, das am Ende eines von Sinn und Richtung freien Lebens in den Tod gestoßen wird. Jeder Mensch ist vielmehr ein Moment in einem großen Epos, in der fabelhaften Geschichte der Menschheit … und das ist der Sinn des Lebens.«

Einen Sinn in dem zu sehen, was uns widerfährt; der Folter standzuhalten, um die Freunde nicht zu verraten; um jeden Preis zu überleben, um die Familie wiederzusehen; sich durchzuschlagen, um Zeugnis ablegen zu können von dem, was man gesehen hat – all diese Ziele beruhen auf ganz unterschiedlichen Überzeugungen und sind doch die Antriebskraft, um einen weiteren Tag zu überstehen, noch ein wenig mehr zu ertragen.

Für manche Menschen sind es ihre tief verwurzelten religiösen Überzeugungen, die ihnen erlauben, alle Unbill zu überstehen. Das ist z.B. bei den tibetischen Mönchen der Fall, die in China ins Gefängnis geworfen und gefoltert wurden. Aber auch Myriam Cardinaux hat dank ihrer Überzeugungen überlebt. So schreibt sie in *Une petite fille en trop* (Ein kleines Mädchen zu viel): »Und da war noch etwas, das hilfreich war in meinem Widerstand gegen all die Demütigungen. Etwas, das ich heute ›meinen Glauben‹ nenne. Er hat mir geholfen, diese schmerzensreichen Jahre zu überstehen.«

In unserer Arbeit, bei der wir auch Menschen in schwierigen Lebenssituationen begleiten, haben wir immer wieder feststellen können, dass diejenigen, die einen Grund zu leben hatten oder einen Sinn in ihrem Leiden sahen, unglaubliche Ressourcen mobilisieren konnten, die ihnen halfen durchzuhalten.

In ihrem Buch *Audacity to Believe* (Der Mut zu glauben) beschreibt Sheila Cassidy ihre Begegnung mit einer engagierten chilenischen Journalistin, die monatelang gefoltert worden war und die erstaunlicherweise überlebt hatte. Für dieses Wunder gab es einen guten Grund: »Gladys Diaz besaß eine Gabe, die allen Revolutionären, aber auch Märtyrern und Heiligen eigen ist: Sie war absolut unerschütterlich in ihren Überzeugungen.«

Wie auch immer diese Überzeugungen oder der Sinn, den man seinen eigenen Erfahrungen zu verleihen vermag, im Einzelnen aussehen: Sie sind der Leuchtturm, das Licht, das dem Menschen den Weg durch die Finsternis weist. Je stärker sie sind, desto mehr tragen sie zu einem resilienten Verhalten bei.

Mitgefühl

Mitgefühl entsteht durch die Einsicht, dass andere uns etwas angehen, dass sie genauso wichtig sind wie wir selbst und dass uns alle der Wunsch nach einem guten, glücklichen Leben eint. Wenn wir Mitgefühl besitzen, sehen wir nicht nur das Leid des anderen und lassen uns davon berühren, wir verstehen es auch, weil wir eine ähnliche Situation schon selbst erlebt haben und uns vorstellen können, wie der andere sich fühlt. Und wir werden aktiv, um ihm zu helfen. Wir erkennen, was uns mit ihm verbindet – unser Menschsein. Mitfühlen heißt, einzutauchen in unsere Menschlichkeit, um denen, die Leid erfahren, mit allen uns zur Verfügung stehenden Mitteln zu helfen.

> Wann immer Sie jemandem helfen, mit Ihrem
> Boot ans andere Ufer zu gelangen, haben Sie
> dieses Ufer auch selbst erreicht.
>
> *Autor unbekannt*

Wenn man das Phänomen der Resilienz studiert, könnte man annehmen, dass Menschen, die unerträgliche Situationen überstanden haben und schreckliche Schicksalsschläge hinnehmen mussten, zum Beispiel den Verlust von fünf Kindern bei einem Brand im eigenen Haus, dies vor allem geschafft haben, weil sie ihre eigenen Interessen verfolgt und sich nur um ihr Unglück, um ihre Bedürfnisse, um ihr eigenes Überleben gekümmert haben. Doch so überraschend es sein mag: Wirklich resiliente Menschen besitzen großes Mitgefühl. Sogar im Inferno der NS-Lager und -Gefängnisse, inmitten von Naturkatastrophen und anderen Schicksalsschlägen gab und gibt es Menschen, die sich für andere einsetzen, die das bisschen Nahrung, das sie haben, mit ihren Schicksalsgenossen teilen, sie versorgen und sie trösten, obwohl sie selbst die Hölle erleben.

Yvonne und ihr Mann hatten fünf wunderbare Kinder im Alter von zwei bis acht Jahren. Da sie beide berufstätig waren, führten sie ein geschäftiges Leben. Trotzdem waren sie glücklich. An einem Februarabend hatten sie einen (wie sie dachten) vertrauenswürdigen Babysitter engagiert und gingen gemeinsam zum Essen in ein Restaurant.

Zwischen zwei Gängen teilte man ihnen mit, dass ihr Haus in Flammen stünde. Als sie dort ankamen, war nur noch ein riesiger Gluthaufen übrig, den die Feuerwehrleute zu löschen versuchten. Ihre fünf Kinder waren tot. Am Tag nach der Beerdigung verließ Yvonnes Mann sie, unfähig, mit der Tragödie fertig zu werden. Yvonne aber gab nicht auf.

Kurz darauf beschloss sie, das Land zu verlassen, um Distanz zwischen sich und dem Ort der Tragödie zu schaffen. Nach einigen Jahren lernte sie einen Mann kennen, mit dem sie sich ein neues Leben zu zweit vorstellen konnte. Als sie in ihre Heimat zurückkam, besuchte sie die Frau, die auf ihre Kinder hätte aufpassen sollen. Die kriminaltechnische Untersuchung hatte ergeben, dass das Feuer im Bett der Babysitterin seinen Ausgang genommen hatte. Diese war mit einer brennenden Zigarette in der Hand eingeschlafen und, gleich nachdem sie den Brand bemerkt hatte, aus dem Haus geflohen, ohne sich um die Kinder zu kümmern. Yvonne ging es keineswegs um Rache oder

Ähnliches. Ganz im Gegenteil, sie wollte der Frau sagen, dass sie ihr nicht böse sei, sondern ihr vergeben habe.

Im Laufe der Jahre hat Yvonne eine Ausbildung zur Psychotherapeutin gemacht. Heute verfügt sie über ein unerschütterliches Mitgefühl für jeden, der in einer Krise steckt oder einen geliebten Menschen verloren hat.

Wenn Sheila Cassidy in ihrem Buch *Audacity to Believe* (Der Mut zu glauben) über die schlimmste Zeit im Gefängnis in Chile erzählt, kommt sie immer wieder auf das immense Mitgefühl ihrer Mitgefangenen Francisca zu sprechen, deren Situation nicht weniger schwierig war als ihre eigene: »In den folgenden 24 Stunden versorgte Francisca mich, als wäre ich ein krankes Kind. Sie hielt meine Lippen mit einem Baumwolltuch feucht, weil diese von den Schlägen, die ich abbekommen hatte, rissig und trocken waren. Sie nahm mir die grobe Augenbinde ab, die mich beim Sehen behinderte und mich schmerzte, und ersetzte sie durch eine weiche, weiße Bandage.«

Es gibt aber auch Menschen, die an Krisen zwar nicht zerbrechen, diese jedoch auf sehr negative Art bewältigen und in die Kriminalität abrutschen, getreu dem Ausspruch des Philosophen Thomas Hobbes: »Ein Wolf ist der Mensch dem Menschen.« Diesen Menschen fehlt es an Resilienz. Sie haben es zwar geschafft zu überleben, doch lassen sie die grundlegenden Charakteristika eines resilienten Menschen vermissen: Wertschätzung für sich selbst, Achtung für andere und Mitgefühl.

Warum fördert Mitgefühl die Resilienz? Weil es uns ein positives Selbstwertgefühl vermittelt, wenn wir uns vom eigenen Unglück und der Verzweiflung lösen und uns anderen Leidtragenden zuwenden können.

Als man den Schriftsteller Elie Wiesel, der seine gesamte Familie im Konzentrationslager verloren hat und dort auch selbst beinahe den Tod gefunden hätte, fragte, wie man solch einen tragischen Schicksalsschlag übersteht, antwortete er: »Sie wollen wissen, wie man die Verzweiflung überwindet. Ich werde es Ihnen sagen: Indem man anderen Menschen hilft, mit der ihren fertig zu werden« (in: Janice Harris Lord (Hrsg.): *Nicht einmal ein Abschiedswort*).

Ein Rabbi, der einem der NS-Todeslager entkam, drückte es so aus: »Das Leiden hat alles in mir ausgebrannt, alles aufgezehrt, bis auf die Liebe!« Die Liebe ist das, was übrig bleibt, wenn sonst nichts mehr da ist.

Man könnte Bücher mit Geschichten füllen, die von Menschen handeln, die selbst angesichts des äußersten Leids noch die Kraft des Mitgefühls fanden. Und doch ist diese Haltung heute mehr denn je in Gefahr. Viktor Frankl, der Autor von … *trotzdem Ja zum Leben sagen,* wies immer wieder darauf hin, dass wir im Westen eine Kultur entwickelt haben, in der das eigene Ich an erster Stelle steht, eine Kultur der Egozentrik, des unverantwortlichen Profits. Seiner Ansicht nach untergräbt diese Haltung, die das Eigeninteresse stets über das der anderen stellt, mehr und mehr die Fähigkeit des Menschen zur Resilienz. Wir können nur hoffen, dass er sich täuscht.

Die Folgen traumatischer Erfahrungen lindern

Es gibt kein Leben ohne Traumata. Glücklicherweise wird sich der Großteil unserer Leserinnen und Leser nicht mit Folter, Naturkatastrophen oder Vergewaltigung auseinandersetzen müssen. Doch jeder von uns hat seine Bewährungsproben zu bestehen. Der amerikanische Psychotherapeut Carl Rogers meint dazu: »Bereits das Leben an sich stellt ein Risiko dar.« Der Mensch muss also schon von Haus aus eine große Widerstandskraft besitzen. Lange Zeit hat die Psychologie sich in erster Linie auf Problemfelder konzentriert, auf seelische Erkrankungen, Abweichungen von der Norm, »das Pathologische« eben. Das Gros der Menschen, die aufgrund ihrer enormen Ressourcen selbst die schwierigsten Situationen gemeistert haben, ohne daran seelisch zu zerbrechen, wurde dagegen lange Zeit ignoriert.

Natürlich geht niemand ganz ohne Schaden aus den Krisen des Lebens hervor. Nicht selten stellen sich im Laufe des Heilungsprozesses psychische oder körperliche Probleme ein: Angstzustände, übermäßige Reizbarkeit, Albträume ebenso wie Bluthochdruck, Asthma und Magenerkrankungen. Doch diese Symptome können nach einer gewissen Zeit wieder vollständig verschwinden, wenn die Überlebenden mithilfe ihrer Resilienz Mittel und Wege finden, die traumatischen Erfahrungen in ihr Leben zu integrieren oder sie zu reduzieren. Auch dabei helfen die fünf in diesem Kapitel vorgestellten Charakteristika resilienter Menschen.

5

Resilienz bei älteren Menschen

Nicht wegzulaufen, sondern den Mut haben zu bleiben, an dem Ort, wo man mich hingestellt hat, an dem Ort, wo alle Masken fallen, wo alles, was ich nie geglaubt hätte, sich letztlich doch als ich herausstellt …

Christiane Singer, Du bon usage des crises
(Vom guten Umgang mit Krisen)

Alain ist heute 80 Jahre alt. Nach einer schrecklichen Kindheit und Jugend ohne die geringste Liebe und Unterstützung ist es ihm gelungen, sich ein wunderbares Leben ganz im Dienst an anderen Menschen aufzubauen. Er hat eine Schreinerlehre gemacht und sich dann sein ganzes berufliches Leben darum bemüht, dieses Handwerk Jugendlichen beizubringen, mit denen es das Leben nicht gerade gut gemeint hatte und die im Jugendheim gelandet waren. Damit war Alain – in den 1960er-,

1970er-Jahren – einer der Ersten, der sich für eine ordentliche Berufsausbildung von Jugendlichen in sozialen Einrichtungen einsetzte. Darüber hinaus hat er eine Familie gegründet und war 50 Jahre lang glücklich mit seiner Frau verheiratet, die im Alter von 75 Jahren starb. Alain hat einen Sohn, der Schiffsingenieur ist und in Kalifornien lebt und auf den er sehr stolz ist. Auch sein Sohn ist »gut verheiratet« mit einer Amerikanerin, die Alain als »sehr nett und sehr lustig« beschreibt, und das Paar hat eine 14-jährige Tochter. Letztes Jahr kam die ganze Familie Alain in der Schweiz besuchen. Leider spricht Alains Enkelin nur Englisch, sodass die Kommunikation zwischen ihnen nicht ganz einfach war. Alain lebt allein, er hat Freunde, Nachbarn, mit denen er sich gut versteht, und er geht jeden Sonntag in die Kirche. Er sieht gern fern und geht ein- oder zweimal pro Woche zum Essen ins Restaurant. Bis letztes Jahr war er als ehrenamtlicher Fahrer tätig, doch mittlerweile erscheint ihm der Straßenverkehr ein bisschen zu gefährlich. Alain ist ein resilienter Erwachsener, er versteht es, gut mit anderen zu kommunizieren. Seine Kurse im Jugendheim haben den Jugendlichen sehr geholfen. Er hat Eigeninitiative bewiesen, sich ein gutes Leben aufgebaut und die Schwierigkeiten überwunden, die ihm seine frühen Jahre aufgebürdet hatten. Ihm war stets bewusst, dass er an den traurigen Ereignissen seiner Kindheit keine Schuld trägt. Und er hat sein Leben im Zeichen jener Werte gelebt, von denen er überzeugt ist: Arbeit, Familie, Verantwortungsgefühl, Achtung vor sich selbst und anderen, Akzeptanz des göttlichen Willens. Sein Leben lang hat er sich im Mitgefühl mit anderen geübt. Man liebte und schätzte ihn als Ehemann, Vater, Kollegen und Lehrer.

Er hat sich immer engagiert, z. B. gegen den Hunger in der Welt oder gegen Folter. Und er besaß die Fähigkeit, seinem Innersten Ausdruck zu verleihen, indem er Aquarelle malte. Seine kleine Wohnung ist voll davon.

Heute allerdings ist das Leben für ihn schwierig geworden. Er vergisst, was gerade eben passiert ist, und kann die Namen der Menschen, die ihm begegnen, nicht mehr behalten. Seinen Haushalt kann er nicht mehr allein führen und braucht eine Haushaltshilfe, die einmal pro Woche für ihn putzt. Und an Tagen, an denen es ihm nicht so gut geht, nimmt er auch schon mal das Essen auf Rädern in Anspruch.

Diese »Abhängigkeit« ist ihm unangenehm. Er, der sein Leben trotz allem stets »im Griff« gehabt hatte, kann mit dem Verlust an Mobilität und Gesundheit nicht gut umgehen. Die Vorstellung, irgendwann einmal völlig von anderen abhängig zu sein, macht ihm Angst.

Am meisten zu schaffen aber macht ihm die Tatsache, dass seine Kindheitserinnerungen jetzt verstärkt wiederkehren. Er kann sich zwar, was er eben noch erlebt hat, nicht merken, doch seine Kindheit scheint buchstäblich vor seinem inneren Auge wiederaufzuerstehen, wie er sagt. Leider sind das keine guten Erinnerungen. Er, der früher immer so voller Energie und guter Laune war, ist jetzt mitunter sehr niedergeschlagen.

Alains Geschichte zeigt sehr anschaulich, wo das Problem in Bezug auf die Resilienz älterer Menschen liegt. Nicht wenige von ihnen hatten ein schweres Leben. Die Botschaften, die sie von ihren Eltern oder anderen Bezugspersonen erhalten haben, waren selten positiv. Trotzdem haben diese Menschen Resilienz entwickelt. Sie haben sich ihren Herausforderungen gestellt, ein Leben aufgebaut und sich in den Dienst der Gesellschaft gestellt. Im fortgeschrittenen Alter jedoch, wenn die Mechanismen, die diese Menschen zur Überwindung vergangener Verletzungen entwickelt haben, wie z. B. Aktivität, Eigeninitiative, Verantwortung, immer weniger funktionieren, verfallen sie häufig in Depressionen.

Unter den älteren resilienten Menschen werden

diejenigen am besten mit dem Leben fertig, die sich künstlerisch ausdrücken können oder eine spirituelle Heimat gefunden haben.

Jeanne ist dafür ein gutes Beispiel: Nach einer traurigen Kindheit im Waisenhaus heiratete sie sehr jung einen Mann, der sie schon bald prügelte. Doch Jeanne hat es geschafft, sich scheiden zu lassen. Sie zog mit ihrer Tochter in eine andere Stadt. Das Leben allein mit Kind war nicht einfach für sie, hatte sie doch keinerlei Berufsausbildung. Was sie an Arbeit fand, war körperlich anstrengend und schlecht bezahlt. Eines Tages jedoch kam Jeanne in Kontakt mit der Heilsarmee, einer religiösen Organisation, die sich um Menschen in seelischer und sozialer Not kümmert. Hier endlich fühlte Jeanne sich zu Hause und engagierte sich »ganz und gar«, wie sie selbst sagt. Sie sang dort im Chor, lernte Gitarre spielen und nahm an vielen sozialen Aktivitäten teil. Sogar eine Art »Berufung«, bei der sie die Präsenz Gottes förmlich zu spüren glaubte, erlebte sie.

Heute, mit 85 Jahren, blickt Jeanne auf ein erfülltes Leben zurück. Ihre Tochter hat eine Familie gegründet, in der es liebevoll zugeht. Jeanne selbst nimmt immer noch an den Gottesdiensten und Aktionen der Heilsarmee teil, soweit es ihre Gesundheit erlaubt. Der Chor, die Musik, das Gebet sind nach wie vor wichtige Bestandteile ihres Lebens.

Manchmal befällt sie eine unbestimmte Traurigkeit, doch dann schenkt das Gebet ihr wieder inneren Frieden. Sie hat einen festen Glauben und weiß, was nach diesem Leben kommen wird. Der Tod schreckt sie nicht.

Jeanne wird von den Mitgliedern ihrer Kirche und von den Menschen ihrer Umgebung geliebt und geschätzt. Sie hat Mittel und Wege gefunden, sich ihre Resilienz zu bewahren.

Resilienz im Alter ist eine besondere Herausforderung. Denn es ist die Zeit, in der es Bilanz zu ziehen gilt. Und manchmal auch die Zeit, sich mit einer schmerzlichen Abhängigkeit abzufinden.

Bis heute gibt es nur sehr wenige Forschungsarbeiten, die untersuchen, wie Menschen, die in ihrer Jugend und im Erwachsenendasein Resilienz bewiesen haben, mit den Problemen des Alters fertig werden. Doch da wir immer älter werden, ist es durchaus sinnvoll zu versuchen, die spezifischen Probleme älterer resilienter Menschen besser zu verstehen, um ihnen bei Bedarf entsprechend helfen zu können.

6

Resilienz nach traumatischen Ereignissen

Irgendetwas in mir weiß, dass mir nichts passieren kann, dass nichts mir etwas anhaben kann. Da ist dieser unzerstörbare Kern in uns, der Kern des Göttlichen. Dann hört die Angst auf. Und wenn die Angst aufhört, wird der Schrecken in der Welt seltsamerweise sofort weniger. Denn die Angst ist eine der stärksten Kräfte, die Wirklichkeit schafft!

Christiane Singer, Du bon usage des crises
(Vom guten Umgang mit Krisen)

In den letzten 20 Jahren hat sich die medizinische Forschung besonders intensiv mit der Frage beschäftigt, wie Katastrophenopfer ihre extremen Erfahrungen bewältigen. Denn in unserer Gesellschaft steigt die Zahl der Menschen, die Anzeichen seelischer Traumata zeigen oder unter deren Folgen leiden.

Immer mehr Menschen überleben schwere Unfälle,

Vergewaltigungen, Folter, bewaffnete Überfälle und Geiselnahmen. Oder sie verlieren ihnen nahestehende Menschen, mitunter gar durch Suizid, oder müssen mit Naturkatastrophen fertig werden. Täglich haben Tausende mit den Folgen traumatischer Erfahrungen zu kämpfen. Vor diesem Hintergrund wurde ein neues diagnostisches Krankheitsbild beschrieben: die posttraumatische Belastungsstörung. Typisch hierfür sind drei Merkmale:

1. Belastende Erinnerungen – der Betroffene durchlebt in Gedanken, Bildern, Albträumen das traumatische Geschehen immer wieder.
2. Die Vermeidung von allem, was an das Trauma rühren könnte.
3. Störungen der allgemeinen Befindlichkeit, z. B. Schlafstörungen, Konzentrationsverlust und andere Probleme wie der Missbrauch von Alkohol und Beruhigungsmitteln, aber auch ständige Reizbarkeit, Wutanfälle oder übermäßige Vorsicht.

Manche Menschen sind für solche Erfahrungen anfälliger als andere, vor allem, wenn sie noch nie zuvor mit traumatisierenden Erlebnissen fertig werden mussten, weil sie beispielsweise sehr behütet aufgewachsen sind. Doch auch Menschen, die wiederholt und/oder besonders schwer traumatisiert wurden, neigen eher dazu, eine posttraumatische Belastungsstörung zu entwickeln.

Generell lässt sich jedoch sagen: Wer in seiner Vergangenheit bereits mit Schwierigkeiten konfrontiert war, wird mit neu auftretenden traumatischen Situationen leichter fertig. Dasselbe gilt für Menschen, die sich auf ein funktionierendes familiäres oder soziales Netzwerk stützen können.

Methoden und Ansätze im Akutfall

Die folgende Auswahl an Methoden und Ansätzen bietet Menschen, die eine traumatische Erfahrung durchleben, wertvolle Hilfestellung bei der Bildung bzw. Stärkung von Resilienz, um das Erlebte besser zu verarbeiten und nicht unter der psychischen Last des Traumas zusammenzubrechen.

Debriefing

Das Debriefing ist ein besonderer therapeutischer Ansatz, um der Entwicklung einer posttraumatischen Belastungsstörung schon im Vorfeld zu begegnen. Diese Gesprächstechnik soll akut traumatisierten Menschen helfen, mit dem Geschehen besser fertig zu werden. Dabei sprechen die Opfer ihre Gedanken, Emotionen und Erfahrungen entweder vor einem Therapeuten (in der Regel ein entsprechend ausgebildeter Psychologe oder Arzt) oder einer Gruppe von Menschen, die dem gleichen Trauma ausgesetzt waren, aus. Alles, was der Betroffene sagt, wird von den Zuhörern bedingungslos akzeptiert, d. h. jede Art von Reaktion auf das Erlebte wird als normal und angemessen anerkannt. Dieses Debriefing sollte in den ersten 72 Stunden nach dem traumatisierenden Ereignis erfolgen.

Wir wissen heute, dass auch Augenzeugen von Extremsituationen wie Polizisten, Feuerwehrleute, Sanitäter – selbst wenn sie nicht unmittelbar am Geschehen beteiligt und von den Auswirkungen nicht direkt betroffen waren – gefährdet sind, eine posttraumatische Belastungsstörung zu entwickeln und daher die Möglichkeit erhalten müssen, über das Erlebte zu sprechen. Deshalb gibt es in fast allen Ländern Europas mittlerweile Spezialisten für Krisenintervention, die im Notfall sofort gerufen werden können.

Dass wir uns heutzutage bewusst sind, wie verheerend sich traumatische Belastungen auswirken können, und entsprechende therapeutische Interventionsmöglichkeiten kennen, ist ein großer Schritt nach vorn. Doch wir sollten dabei nicht vergessen, dass viele Betroffene schon in ihrem sozialen oder religiösen Umfeld die nötigen Ressourcen finden, um ohne die Hilfe von Spezialisten mit Lebenskrisen fertig zu werden.

Anderen zuzuhören, sie zu begleiten, sie ohne Wertung anzuhören kann Menschen helfen, jene Stärken in sich zu aktivieren, die sie resilient werden lassen.

Selbsthilfegruppen

Das Debriefing ist eine punktuelle Hilfestellung, die unmittelbar nach dem traumatischen Ereignis erfolgen sollte. Eine längerfristige Unterstützungsmöglichkeit für traumatisch belastete Menschen, um nach einer Krise ins Leben zurückzufinden, sind dagegen Selbsthilfe- und Gesprächsgruppen.

Aktuell gibt es Gruppen für Trauernde, vor allem für Eltern (auch durch Selbsttötung) verstorbener Kinder und Jugendlicher, und für Menschen, die ihren Lebenspartner verloren haben, aber auch für Opfer häuslicher oder anderer Formen von Gewalt oder Menschen, die ihr Zuhause verloren haben. Eine umfassende Liste würde Seiten füllen. Diese Selbsthilfegruppen sind sehr wertvoll, da sie den Betroffenen erlauben, über ihre Tragödie zu sprechen und ihre Erfahrung mit Menschen zu teilen, die Ähnliches durchlebt haben. Sie erfahren, dass ihr Erleben akzeptiert wird, finden Möglichkeiten, sich weiterzuentwickeln, und erhalten eventuell auch wichtige Informationen in Bezug auf Hilfen im konkreten Einzelfall.

Psychotherapie

Es gibt die unterschiedlichsten psychotherapeutischen Ansätze. Für welchen man sich letztendlich auch entscheidet, wichtig ist, dass der Betroffene Gehör findet, akzeptiert wird und Unterstützung erhält, damit er in sich und seinem Umfeld die Ressourcen finden kann, die er zur Bewältigung der Krise braucht.

Die therapeutische Begleitung sollte in jedem Fall dazu beitragen, dass der Mensch, der einer traumatischen Erfahrung ausgesetzt war, Resilienz entwickeln bzw. diese aufrechterhalten kann.

Kunsttherapie

Das Erlebte mit den Mitteln der Malerei, Bildhauerei oder Musik, durch Theaterspielen oder Schreiben auszudrücken, kann – vor allem unter

der kundigen Anleitung eines Kunsttherapeuten –
wahre Wunder bewirken, was die Bildung von
Resilienz angeht.

Persönliche künstlerische Tätigkeit

Kunst ist ein Weg, den viele Menschen beschritten
haben, um mit ihren Dramen und Problemen besser fertig zu werden. Ob nun als anerkannter
Künstler wie Van Gogh und Schubert oder einfa-
cher »Sonntagsmaler« wie Sie und ich, ob als großer Literat oder Gelegenheitslyriker – jede Art von
künstlerischem Ausdruck vermag unsere Resilienz
zu fördern.

Begleitende Therapien

Auch hier gibt es eine breite Auswahl: Hypnose,
Blütenessenzen nach Dr. Bach, Kinesiologie, krea-
tives Visualisieren, Achtsamkeitsbasierte Stress-
reduktion (MBSR), Reiki und vieles andere mehr.
Diese Therapieformen sind sehr nützlich und
können den Betroffenen, die akute Traumata
durchlebt haben, spürbare Hilfe bringen. Man
sollte allerdings darauf achten, dass die jeweiligen
Therapeuten wirklich qualifiziert sind. Über das
entsprechende Fachwissen und praktische Können

zu verfügen, liegt auch in der Verantwortung jedes Menschen, der es sich zur Aufgabe macht, mit traumatisierten Patienten zu arbeiten.

Die vorbeugende Stärkung der Resilienz

Wie wir bereits gesehen haben, setzen alle Hilfstechniken eines voraus: *die Fähigkeit zur Kommunikation*. Denn das, was man erlebt hat und was man dazu denkt und fühlt, will ausgedrückt werden. Für Menschen, die diese Fähigkeit nicht von Kindesbeinen erlernt haben, ist das keine leichte Übung. Aus diesem Grund ist jede Technik, welche die Kommunikationsfähigkeit verbessert, in Krisensituationen von Nutzen. Zu nennen sind in diesem Zusammenhang beispielsweise die gewaltfreie Kommunikation nach Marshall Rosenberg, die Transaktionsanalyse nach Thomas Gordon und die Technik der Einfühlsamen Kommunikation (Methode ESPERE) von Jacques Salomé. Alles, was uns den Austausch mit anderen Menschen erleichtert, kann Resilienz ermöglichen. Ein weiterer wichtiger Aspekt bei der Herausbildung von Resilienz ist die *Kontrolle*, die man über sein Leben hat, die *Eigeninitiative*, die man ergreifen kann. Diese lässt sich erlernen, indem man an seiner Selbstachtung arbeitet sowie durch die Neuverhandlung von Lebensentscheidungen oder neurolinguistische Programmierung.

Alles, was dem persönlichen Wachstum dient und dazu beiträgt, dass wir uns von unangebrachten Schuldgefühlen lösen, uns unsere Überzeugungen bewusst machen und Mitgefühl entwickeln, kann ebenfalls helfen.

Dabei handelt es sich um einen Weg der Bewusstwerdung, der ein ganzes Leben beansprucht. Für welchen Ansatz oder welche Therapie Sie sich letztlich entscheiden, welchen Kurs oder welches Seminar Sie auch belegen mögen: Sie öffnen sich damit für diesen Weg. Denn Resilienz als solche ist nichts, was wir erlernen können. Wir können nur bestimmte Fähigkeiten entwickeln, die uns helfen, auf resiliente Weise mit den Krisen des Lebens fertig zu werden.

7

Das Auf und Ab
der Resilienz

Der Zustand der Welt stößt mich ab, empört mich, zerreißt mich fast, und das ist auf jeden Fall besser als Gleichgültigkeit. Und doch wird sich nichts ändern, wenn ich nicht zum Mitgefühl finde. Die Wahrheit ist keine Axt, die man auf das Haupt des Nachbarn niedersausen lässt. Sie kann nur der Mantel des Mitgefühls sein, den man über seine Schultern breitet.

Christiane Singer, Où cours-tu? Ne sais-tu pas que le ciel est en toi? *(Was suchst du? Weißt du nicht, dass du den Himmel schon in dir trägst?)*

Das Interesse der Wissenschaft am Phänomen der Resilienz ist in den letzten Jahren enorm gewachsen. Im Zuge zahlreicher Studien hat sich dabei klar gezeigt: Nicht jeder Mensch ist resilient, aber auch die, die über Resilienz verfügen, tun dies nicht immer und nicht unter allen Umständen.

Geschichten vom Leben mit Narben auf der Seele

Das Leben eines resilienten Menschen ist wie ein Gewebe, in dem sich Fäden der Not und der Hilflosigkeit ebenso finden wie solche des Mutes und der Entschlossenheit. Nur dass Letztere zahlreicher sind.

Steven und Sybil Wolin schreiben, dass kein Mensch immer stark sein kann. Resilienz ist wie Ebbe und Flut. Manchmal ist sie da, dann verschwindet sie wieder. Alle Menschen, die schwere Zeiten hinter sich haben, sind in bestimmten Momenten anfällig. Niemand geht vollkommen unbeschädigt aus einer traumatisierenden Vergangenheit hervor. Das zeigen auch die Geschichten von Antoinette, Jérôme, Mélanie und Georges.

Antoinettes Geschichte

Antoinette ist durchaus eine resiliente Persönlichkeit. Sie hatte eine sehr schwierige Kindheit, hat sich aber als Erwachsene ein gutes Leben aufgebaut.

Ihre Mutter war sehr jung und unreif, als Antoinette zur Welt kam. Völlig überfordert mit ihrer

Rolle als alleineinziehende Mutter, wies sie ihre kleine Tochter ständig zurück. Schließlich kam Antoinette ins Waisenhaus, wo sie mehrere Jahre verbrachte, bevor ihre Mutter sie wieder zurückholte. Diese hatte mittlerweile einen abweisenden, kaltherzigen Mann geheiratet, der das Kind jedoch adoptierte.

Für Antoinette entpuppte sich das Leben in ihrer neuen Familie als schwieriger als das im Waisenhaus. Dort hatten klare Regeln geherrscht, und mitunter hatte es sogar die eine oder andere Nettigkeit von den Erziehern gegeben. Nichtsdestotrotz verlebte Antoinette eine vergleichsweise gute Jugend. Gerade weil die häufigen Wutanfälle ihrer Mutter sie so erschreckten, konzentrierte sie all ihre Energie auf die Schule und die Religion.

Nach der Schule studierte sie und wurde Mathematiklehrerin, ein Beruf, der ihr liegt und in dem sie gut ist. Was Freunde oder Beziehungen angeht, konnte Antoinette sich allerdings nicht von den Narben lösen, welche die zahllosen Zurückweisungen ihrer Kindheit bei ihr hinterlassen haben. Trotz mehrerer Psychotherapien schafft sie es nicht, Beziehungen einzugehen, ohne zu klammern. Dies hat zur Folge, dass ihre Freunde oder Partner sich bald eingesperrt fühlen und die Beziehung abbrechen, bevor sie darin ersticken. Und so wiederholt sich die Erfahrung der Zurückweisung für Antoinette wieder und wieder.

Von außen betrachtet, führt Antoinette ein glückliches Leben. Sie hat eine feste Arbeit und ist darin erfolgreich. Sie sieht gut aus, ist sportlich, kontaktfreudig, gebildet und sie reist viel. In Wirklichkeit aber ist das Leben für sie schwierig: Sie trägt immer noch die Spuren der Verletzungen aus ihrer Kindheit und Jugend in sich.

Sie hat sozusagen einen »Webfehler« mitbekommen, den nichts und niemand bisher reparieren konnte und der sie nach wie vor leiden lässt.

Jérômes Geschichte

Als junger Mann war Jérôme Fremdenlegionär. Heute ist er mit Cécile verheiratet, die uns seine Geschichte erzählt.

Jérôme ist ein ausgesprochen kompetenter Informatiker, der sich alles, was er weiß, selbst beigebracht hat. Bevor er zur Fremdenlegion ging, hatte er eine Lehre als Elektriker begonnen. Als Kind war Jérôme ein Sozialfall. Über diese schreckliche Zeit spricht er nicht viel. Als er Cécile kennenlernte, sagte er ihr, seine Vergangenheit sei alles andere als lustig, aber auch nicht weiter wichtig. Er habe in der Fremdenlegion gelitten, deshalb wolle über diesen Teil seines Lebens nicht sprechen. Cécile akzeptierte das. Die beiden heirateten, und Jérôme arbeitet viel, um seine kleine Firma voranzubringen, die auch recht gut läuft. Er kann gut mit seinen Kunden umgehen und ist ein verantwortungsvoller Mensch. In seiner Freizeit trainiert er gern in dem Fußballklub, in dem er Mitglied ist.

Jérôme hat alles hinter sich gelassen, was er in der Vergangenheit erlebt hat, und sich eine positive Existenz aufgebaut. Dabei setzt er auf seine unzweifelhaft vorhandene Fähigkeit zur Resilienz.

Für Cécile hingegen sieht das Leben an seiner Seite nicht ganz so rosig aus. Jérôme fehlt es an Einfühlungsvermögen. Er sieht die Dinge häufig schwarz oder weiß und hat die Tendenz, andere schnell zu verurteilen. Manchmal wird Jérôme aus heiterem Himmel finster und schweigsam, auch wenn in der Arbeit und in der Familie alles zum Besten steht. Hin und wieder bekommt er scheinbar aus dem Nichts Wutanfälle. Wenn Cécile ihn dann fragt, was er hat, sagt er meist nur: »Lass mich in Ruhe!« Dann muss sie Geduld haben, denn zwei oder drei Tage später ist alles wieder normal. Jérômes Frau würde gern auch die schwierigen Momente seines Lebens mit ihm teilen, doch sie hat gelernt, ihn nicht zu bedrängen.

Mélanies Geschichte

Mélanie hatte eine glückliche Kindheit. Bis zu ihrem neunzehnten Lebensjahr verlief alles glatt. Dann ging sie nach London, um ihr Englisch zu verbessern, und wurde dort nach einem Abend mit Freunden im Pub in einer Tiefgarage vergewaltigt. Sie schaffte es, über dieses Erlebnis zu sprechen, und der Vergewaltiger wurde gefasst und vor Gericht gestellt.

Der Prozess war für Mélanie extrem belastend, weil der gegnerische Anwalt versuchte, ihr eine Teilschuld zuzuschieben, da sie »um zwei Uhr morgens im Minirock in einer Tiefgarage unterwegs gewesen war«.

Dieses Vorgehen verletzte Mélanie zutiefst. Es war, als würden all ihre bisherigen Vorstellungen in Bezug auf das Gute im Menschen sich plötzlich eine nach der anderen als Illusion herausstellen.

Zurück in ihrer Heimat, machte Mélanie eine Psychotherapie, die ihr durchaus half. Und doch wird sie ihre Angst vor Männern nicht los und hat Schwierigkeiten, engere, intime Beziehungen mit ihnen einzugehen. Nach außen hin scheint alles normal, doch tief in ihr ist eine innere Abscheu, die sich mitunter in Albträumen niederschlägt.

Resilienz garantiert kein einfaches, unbeschwertes Leben. Sie kennzeichnet Menschen, die imstande sind, die Herausforderungen, die das Schicksal ihnen stellt, zu meistern und trotz allem ein sinnvolles, erfülltes Leben zu führen, das mit ihren inneren Überzeugungen im Einklang steht. Dennoch trägt ein resilienter Mensch stets die Narben seiner Verletzungen mit sich.

Gerade in der Familie, die der resiliente Mensch gegründet hat, treten die meisten Probleme auf, weil er seine Gefühle oftmals nur schwer erkennen, benennen und darüber reden kann. Diese emotionale Distanz ist eine – in der Vergangenheit sicher sinnvoll gewesene – Überlebensstrategie, die sofort aktiviert wird, sobald es in der neu gegründeten Familie zu Schwierigkeiten kommt.

Steven und Sybil Wolin betonen in ihrem Werk *The Resilient Self* (Das resiliente Selbst) immer wieder: Die Fähigkeit eines resilienten Kindes, sich »abzukoppeln«, sich von Eltern oder anderen Personen und deren schädlichem Verhalten innerlich zu trennen, ist für das Kind eine notwendige Ressource und eine bemerkenswerte Stärke.

Manche dieser »überlebenden« Kinder bezeichnen sich selbst als »hart« oder »gepanzert«. Vermutlich hat genau das ihnen überhaupt ermöglicht, resilient zu sein. Unter extremen Umständen ist dies das einzige Mittel, um zu überleben. Im Alltag eines Paares oder einer Familie kann es jedoch für schwerwiegende Erschütterungen sorgen. Georges ist dafür ein gutes Beispiel.

Georges' Geschichte

Georges hatte einen gewalttätigen Vater und eine co-abhängige Mutter, welche die Schläge einfach hinnahm, weinte und ihrem Mann, noch während sie ihre Wunden versorgte, versicherte, wie sehr sie ihn trotzdem liebe. Georges entwickelte sehr früh die Fähigkeit, sich von diesen Szenen häuslicher Gewalt innerlich abzukapseln. Anfangs weinte er. Einmal versuchte er sogar, seine Mutter zu beschützen. Doch das war keine gute Idee, denn nun bekam er die Prügel seines Vaters ab.

Georges lernte, sich von seinen Gefühlen zu distanzieren, und floh regelmäßig auf sein Zimmer, wenn der Vater die Mutter schlug. Als er älter war, verließ er das Haus und kam erst zurück, wenn das »Gewitter« sich verzogen hatte. Er schwor sich, das, was er selbst in seiner Familie erlebt hatte, nicht zu wiederholen. Und tatsächlich war er ganz anders als sein Vater.

Mit 24 Jahren lernte Georges Evelyne kennen, die ebenfalls eine schwierige Kindheit hinter sich hatte. Die beiden verstanden sich auf Anhieb und heirateten bald. Doch schon kurz nach der Hochzeit zogen die ersten dunklen Wolken am Ehehimmel auf, nämlich immer dann, wenn es zwischen ihnen Meinungsverschiedenheiten gab. Wenn Evelyne Kritik oder Unzufriedenheit äußerte oder aufgrund irgendeines Kummers weinte, stellte Georges auf der Stelle jegliche Kommunikation ein. Er wurde dann kalt und abweisend, statt sich aufmerksam und liebevoll zu zeigen, und vergrößerte damit die Distanz zwischen sich und Evelyne noch weiter.

Evelyne war mehrmals drauf und dran, sich scheiden zu lassen, doch sie hatten mittlerweile ein Kind, den kleinen Pacôme, auf den Georges sehr stolz war. Auf dem Höhepunkt ihrer ehelichen Schwierigkeiten bestand Evelyne darauf, gemeinsam zum Eheberater zu gehen. Doch Georges lehnte diesen Vorschlag rundweg ab mit der Begründung, er habe mehr erlebt als jeder Therapeut und habe sich immer am eigenen Schopf aus dem Sumpf gezogen. Zum Beweis verwies er auf seine beruflichen Erfolge.

Als Pacôme neun Jahre alt war und die Ehe seiner Eltern eine besonders tiefe Krise durchlief, reichte Evelyne die Scheidung ein. Sie war am Ende ihrer Kräfte. Nicht, dass sie Georges nicht mehr geliebt hätte, doch die emotionale Kälte in dieser Beziehung war ihr unerträglich geworden. Evelyne selbst machte eine Psychotherapie und schaffte es dadurch, sich für das zu entscheiden, was gut für sie war.

Die Eltern von Pacôme hielten nach der Scheidung einen guten Kontakt zueinander. Sie standen auf freundschaftlichem Fuß, was den Sohn anging, doch Georges hatte sich emotional hinter noch höheren Mauern verschanzt. Er arbeitete nur noch. In seinem technischen Beruf war er hoch angesehen, seine Kollegen und Vorgesetzten schätzten ihn sehr.

Die Geschichte von Georges und Evelyne ist typisch für so viele resiliente Menschen, die in ihrer dramatischen Lebenssituation bestimmte Verteidigungsstrategien entwickeln. Strategien, die auf mittlere oder lange Sicht mit einer harmonischen Kommunikation im Leben als Paar oder Familie nicht vereinbar sind.

Ebenso typisch für resiliente Menschen ist es, dass es ihnen schwerfällt, sich von Therapeuten helfen zu lassen. Das hat zwei Gründe:

- Zunächst einmal betrachten sie es als Zeichen von Schwäche, Hilfe in Anspruch zu nehmen, gerade angesichts der Eigeninitiative und Autonomie, die sie bislang bewiesen haben.

- Und meist sind sie auch nicht bereit, sich intensiv mit den schmerzhaften Erinnerungen auseinanderzusetzen, die sie unterdrücken mussten, um zu überleben.

Und natürlich sind nicht alle resilienten Menschen gleich, da bei jedem von ihnen bestimmte Kennzeichen der Resilienz ausgeprägter sind als andere. So zeigen manche eine hohe Eigeninitiative und nehmen ihr Leben selbst in die Hand, haben aber Schwierigkeiten, mit ihnen nahestehenden Menschen zu kommunizieren. Andere zeigen eine ausgeprägte Kommunikationsfähigkeit und großes Mitgefühl, verfügen aber über weniger Initiative und Tatkraft.

Daher lässt sich von resilienten Menschen kein Profil erstellen, das auf alle gleichermaßen zutrifft. Wir können nur eines: bestimmte, ihnen allen gemeinsame Verhaltensweisen ausmachen, die sich in ihrem Lebenslauf wiederholen – und die Kraft des inneren Wachstums bewundern, die sie an den Tag legen.

Das Zusammenleben mit einem resilienten Menschen

Wir haben in unserer therapeutischen Arbeit viele Menschen kennengelernt, die mit einem resilienten Partner zusammenleben. Sie berichten übereinstimmend, wie anstrengend und heikel das manchmal sein kann. Anstrengend, weil der Mensch, den sie lieben, Verletzungen davongetragen hat, die nicht heilen wollen, was die Beziehung zu einer täglichen Herausforderung macht. Heikel, weil das Leben mit einem resilienten Menschen ein bisschen wie ein Tanz auf dem Vulkan ist: Die emotionale Verletzlichkeit dieser Menschen führt dazu, dass manchmal schon ein einziges Wort oder ein Blick, der als Zurückweisung missdeutet wird, die traumatischen Erfahrungen wieder aufleben lassen kann.

Elaine Childs-Gowell hat darüber ein Buch geschrieben: *Heilungsrituale. Aktive Hilfen zum Akzeptieren und Überwinden von Schmerz und Verlust.* Auch ihr Mann ist ein »Überlebender«, und das Zusammenleben der beiden zeigt, wie sehr die Traumata der Vergangenheit Paare und Familien beeinflussen können. Und es macht deutlich, wie wichtig es ist, Mittel und Wege zu finden, mit der Trauer über das Vergangene fertig zu werden, über das, was nicht gelebt werden konnte, was gefehlt hat. Childs-Gowell bietet Rituale an, die helfen können, die tiefen Wunden der Betroffenen zu heilen. Um das Leben mit einem resilienten Menschen zu teilen, ist eine Liebesfähigkeit nötig, die weit über dem Üblichen liegt. Nur sie ist verbunden mit der unendlichen Geduld, dem großen Mitgefühl, dem unerschütterlichen Verständnis und letztlich der grenzenlosen Hoffnung, deren die Beziehung zu einem tief verwundeten Partner bedarf.

So ist es möglich, mit den schwierigen Momenten in der Beziehung, mit den Schatten der Vergangenheit zu leben, die ebenso stark sind wie das strahlende Licht, mit dem ein resilienter Mensch das Leben seiner Lieben erfüllen kann.

Schlusswort

Das Bild vom resilienten Menschen nimmt immer präzisere Konturen an. Die Vorstellung, dass traumatisierte Menschen auf ewig zum Leiden verurteilt sind, macht allmählich einer durchaus realistischen Hoffnung Platz.

Natürlich gibt es noch viel zu erforschen, was die Fähigkeit des Wiederaufstehens angeht und die unglaublichen Ressourcen, die resilienten Menschen helfen, das Unerträgliche zu überwinden. Zwar wissen wir inzwischen viel mehr darüber, wie sie äußeres Leben gestalten und ihren Platz in der Gesellschaft einnehmen, doch wie sie zu positiven familiären Beziehungen gelangen, bedarf durchaus noch weiterer Forschung.

Auf den vorangegangenen Seiten haben Sie erfahren, was Resilienz ist. Sie haben resiliente Menschen kennengelernt und die Faktoren, auf denen diese Eigenschaft beruht. Darüber hinaus wurde deutlich, dass Resilienz ein Phänomen ist, das in seiner Belastbarkeit durchaus Schwankungen unterworfen ist, das man aber auch fördern kann.

Tatsächlich kann Resilienz wachsen wie eine lebendige Pflanze. Ihr Gedeihen hängt von vielen Faktoren ab, die sich häufig im Zusammentreffen bestimmter Ereignisse und Begegnungen zeigen und vom Zufall bestimmt sein können. Diese Ereignisse und Begegnungen können, wenn sie auf eine bestimmte innere Disposition treffen, das Leben eines Menschen von Grund auf verändern.

In der Geschichte von Eliane (Kapitel 3) zum Beispiel scheint es auf den ersten Blick nichts zu geben, was das Schicksal dieses Kindes zum Besseren wenden könnte. Doch dann wird unerwartet ein Lehrer krank, und ein anderer Mensch taucht in Elianes Leben auf. Die neue Lehrerin ermöglicht dem Kind positive schulische Erfahrungen, sodass sich die Weichen für Eliane völlig neu stellen.

In der Geschichte von Paola ist es die Begegnung mit einem außerordentlichen Priester, die ihr Leben verändert.

In den Lebensgeschichten resilienter Menschen stoßen wir immer wieder auf diesen einen unerwarteten Augenblick, eine Gelegenheit, die man beim Schopf packen, aber nicht erzwingen kann. Doch die Fähigkeit, zu hoffen und nach vorn zu blicken, macht es möglich, dass sich inmitten der Widrigkeiten des Lebens genau dieser Augenblick einstellt.

Man könnte über das Phänomen der Resilienz genug schreiben, um ganze Bibliotheken zu füllen, da es so viele verschiedene Aspekte umfasst, so ungeheuer vielschichtig und zudem so außerordentlich spannend ist.

In diesem Buch haben wir versucht, einige Schlüsselelemente zusammenzutragen, um Sie mit der Kunst, wieder aufzustehen, vertraut zu machen. Dabei waren uns vor allem folgende Punkte wichtig:

1. Hoffnung ist immer möglich: Niemand wird vom Leben so k.o. geschlagen, dass er für immer am Boden bleibt. Mitten in der finsteren Nacht bitterster Tragödien zeichnet sich manchmal ein Hoffnungsschimmer ab, der dem oder der Betroffenen den Weg aus dem Unglück weist.

2. Wir alle sind verantwortlich für die gesunde Entwicklung der Kinder in unserem Umfeld. Ob wir nun Eltern, Großeltern, Onkel, Tanten, Lehrer, Sozialarbeiter, Nachbarn, Gemeindehelfer oder Priester sind – wir können ebenjener Mensch sein, den ein Kind in einer schwierigen Situation braucht, um wieder an sich selbst zu glauben. Um dies möglich zu machen, gilt es, einen aufmerksamen, achtsamen Blick zu entwickeln für das, was um uns herum geschieht, und dabei Raum zu lassen auch für das Unerwartete, Überraschende. Keineswegs dürfen wir uns mit den üblichen

Phrasen zufriedengeben wie: »Man kann nicht mehr Liebe geben, als man selbst empfangen hat.«

3. Resilienz ist nicht nur die Kraft, die uns eine schwierige Kindheit überleben lässt. Die Schicksalsschläge, die unser Dasein als Mensch mit sich bringt, können uns auch als Erwachsene jederzeit treffen. Glücklicherweise können wir in jedem Alter Resilienz entwickeln, indem wir unsere Kommunikationsfähigkeit fördern, Verantwortung für unser Leben übernehmen, uns von falschen Schuldgefühlen lösen, unsere Überzeugungen klären und vertiefen, unserem Leben einen Sinn geben und in uns das Mitgefühl für andere wecken.

4. Die Lebensläufe resilienter Menschen zu verstehen heißt auch, sich darüber im Klaren zu sein, dass Resilienz im Laufe des Lebens zu- und abnehmen kann. Manchmal werden nach Jahren oder gar Jahrzehnten längst überwunden geglaubte schmerzhafte Erinnerungen wieder lebendig. Daher brauchen resiliente Menschen gerade im Alter oftmals besondere Unterstützung.

5. Resilienz verstehen heißt aber auch und vor allem eines: staunen angesichts der unglaublichen Ressourcen, über die wir Menschen

verfügen. Und sich bewusst zu sein, dass jeder von uns verantwortlich ist, alles ihm Mögliche zu sein und zu tun, um das Leiden in der Welt zu lindern.

»Darum verlange nie zu wissen, wem die Stunde schlägt, sie schlägt dir selbst«, schrieb der Dichter John Donne. Wir alle sind miteinander verbunden. Niemand kann für sich allein glücklich sein!

Literatur

Bailly, Othilie: *J'ai treize ans, et je vais me tuer*, J'ai lu: Paris 2001.

Berndt, Christina: *Resilienz. Das Geheimnis psychischer Widerstandskraft. Was uns stark macht gegen Stress, Depressionen und Burn-out*, dtv: München 2013.

Cardinaux, Myriam/Grobety, Anne-Lise: *Une petite fille en trop*, France Loisirs Suisse S.A.: Lausanne 1995.

Cassidy, Dr. Sheila: *Audacity to Believe*, Collins: London 1977.

Childs-Gowell, Elaine: *Heilungsrituale. Aktive Hilfen zum Akzeptieren und Überwinden von Schmerz und Verlust*, übers. von Sylvia Luetjohann, Edition Tramontane: St. Goar 1994.

Christophe, Francine: *Nicht mehr Eure Welt. Ein Kind in Gefängnissen und Lagern 1942–1945*, übers. von Monika Gödecke, Wallstein: Göttingen 2012.

Cyrulnik, Boris: *Mein Lebensglück bestimme ich*, übers. von Elisabeth Thielicke, Goldmann: München 2003.

Ders.: *Die Kraft, die im Unglück liegt. Von unserer Fähigkeit, am Leid zu wachsen*, übers. von Rita Kluxen-Schröder, Goldmann: München 2001.

Dyer, Wayne D.: *Der wunde Punkt. Die Kunst, nicht unglücklich zu sein*, übers. von Lieselotte Mietzner, Rowohlt: Reinbek [35]2013.

Frankl, Viktor E.: *... trotzdem Ja zum Leben sagen. Ein Psychologe erlebt das Konzentrationslager*, Kösel: München 2009.

Gray Martin: *Der Schrei nach Leben*, übers. von Roland Fleissner und Arno Aeby, btb: München 2002.

Gruhl, Monika: *Das Geheimnis starker Menschen. Mit Resilienz aus der Überforderungsfalle*, Kreuz: Freiburg 2011.

Guénard, Tim: *Boxerkind. Überleben in einer Welt ohne Liebe*, übers. von Eliane Hagedorn und Bettina Runge, Pattloch: München 2007.

Harris Lord, Janice: *Nicht einmal ein Abschiedswort*, Kreuz: Freiburg 1999.

Heimo, Marie-Thérèse: *Marité, sors de table, va dehors!*, Éditions La Sarine: Fribourg 2001.

Heller, Jutta: *Resilienz. 7 Schlüssel für mehr innere Stärke*, Gräfe und Unzer: München ⁴2013.

Imena, Myriam: *Ma vie sur un fil. Journal d'un temps de maladie*, Éditions Saint Augustin: St-Maurice 2001.

Maehrlein, Katharina: *Die Bambusstrategie. Den täglichen Druck mit Resilienz meistern*, GABAL: Offenbach ³2012.

McClure Goulding, Mary/Goulding, Robert L.: *Neuentscheidung. Ein Modell der Psychotherapie*, Klett-Cotta: Stuttgart ⁷2005.

Métroz, Gérald: *Ich lass mich nicht behindern. Aufgezeichnet von Jacques Briod*, übers. von Ulrike Kolb, Knaur: München 2003.

Pennebaker, James W.: *Heilung durch Schreiben. Ein Arbeitsbuch zur Selbsthilfe*, Huber: Bern 2009.

Ders.: *Sag, was dich bedrückt. Die befreiende Kraft des Redens*, Econ: Berlin 2001.

Pradervand, Pierre: *Segnen heilt. Wie dein Segen die Welt verändert und dich selbst*, übers. von Johanna Ellsworth, Reichel: Regensburg 2010.

Rosenberg, Marshall B.: *Gewaltfreie Kommunikation. Eine Sprache des Lebens*, Junfermann: Paderborn ¹⁰2012.

Ruiz, Don Miguel: *Die Vier Versprechen. Ein Weg zu Freiheit und Würde*, Allegria: Berlin 2012.

Salomé, Jacques: *Einfühlsame Kommunikation. Auf dem Weg zu einer innigen Verbindung mit sich selbst. Die Methode ESPERE*, übers. von Monika Wilke, Junfermann: Paderborn 2006.

Segal, Dr. Julius: *Winning Life's Toughest Battles. Roots of Human Resilience*, Random House: New York 1986.

Singer, Christiane: *Alles ist Leben. Fragmente einer langen Reise*, übers. von Wieland Grommes, btb: Berlin 2011.

Dies.: *Où cours-tu? Ne sains – tu pas que le ciel est en toi?*, Librairie Generale Française: Paris 2003.

Sit, Michaela: *Sicher, stark und mutig. Kinder lernen Resilienz*, Kreuz: Freiburg 2012.

Straus, Pierre/Manciaux, Michel: *L'enfant maltraité*, Fleurus: Paris 1993.

Thomas, Gordon: *Gute Beziehungen. Wie sie entstehen und stärker werden*, übers. von Hainer Kober, Klett-Cotta: Stuttgart [3]2014.

Vanistendael, Stefan/Lecomte, Jacques: *Le bonheur est toujours possible. Construire la résilience*, Bayard: Paris 2000.

Wieland, Andreas/Wallenburg, Carl Marcus: »The Influence of Relational Competencies on Supply Chain Resilience. A Relational View«, in: *International Journal of Physical Distribution & Logistics Management* 43.4 (2013), 300–320.

Wiesel, Elie: *Die Nacht. Erinnerung und Zeugnis*, Herder: Freiburg 2008.

Wolin, Steven/Wolin, Sybil: *The Resilient Self. How Survivors of Troubled Families Rise Above Adversity*, Villard: New York 1993.

Wunsch, Albert: *Mit mehr Selbst zum stabilen ICH! Resilienz als Basis der Persönlichkeitsentwicklung*, Springer Spektrum: Wiesbaden 2013.

Lebenshilfe auf
den Punkt gebracht

Achtsamkeit hilft uns, mit den Herausforderungen des Lebens geschickter umzugehen – und dabei die kleinen Freuden des gegenwärtigen Augenblicks aus vollem Herzen zu genießen. Die kompakten Pocketguides bieten einen unkomplizierten Einstieg: Eine Fülle an Übungen und Impulsen zeigt, wie sich Achtsamkeit konkret im Alltag umsetzen lässt.

ISBN 978-3-95803-009-1

ISBN 978-3-95803-006-0

ISBN 978-3-95803-008-4

ISBN 978-3-95803-007-7